清代四川庙会活动
与地理分布研究

牟旭平　李雯君　著

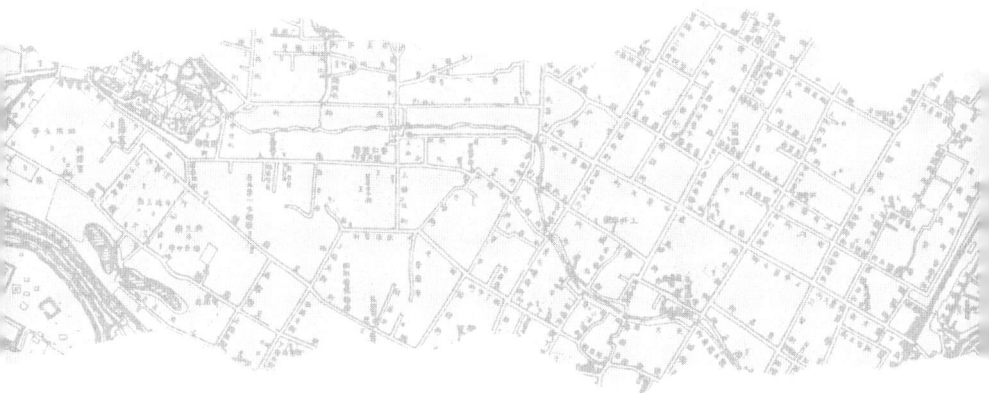

四川文艺出版社

图书在版编目（CIP）数据

瞻礼：清代四川庙会活动与地理分布研究／牟旭平，
李雯君著. — 成都：四川文艺出版社，2024.3
ISBN 978-7-5411-6855-0

Ⅰ. ①瞻… Ⅱ. ①牟… ②李… Ⅲ. ①庙会—研究—
四川—清代 Ⅳ. ①K892.1

中国国家版本馆 CIP 数据核字（2024）第 021231 号

本书为重庆市社会科学规划博士项目"清以来重庆地区共管市
镇与地方社会研究"（2020BS12）的阶段性成果。

ZHANLI: QINGDAI SICHUAN MIAOHUI HUODONG YU DILI FENBU YANJIU

瞻礼：清代四川庙会活动与地理分布研究

牟旭平　李雯君　著

出 品 人　冯　静
责任编辑　卫丹梅
封面设计　魏晓舸
内文设计　史小燕
责任校对　文　雯
责任印制　喻　辉

出版发行　四川文艺出版社（成都市锦江区三色路 238 号）
网　　址　www.scwys.com
电　　话　028-86361802（发行部）　　028-86361781（编辑部）

邮购地址　成都市锦江区三色路 266 号四川文艺出版社邮购部　610023
排　　版　四川胜翔数码印务设计有限公司
印　　刷　四川华龙印务有限公司
成品尺寸　145mm×210mm　　　　　开　本　32 开
印　　张　7.75　　　　　　　　　字　数　180 千
版　　次　2024 年 3 月第一版　　　印　次　2024 年 3 月第一次印刷
书　　号　ISBN 978-7-5411-6855-0
定　　价　58.00 元

序　言

　　传统中国曾是典型的农业社会，人们劳苦终日，间以庙会为乐。庙会作为中华文化的重要载体，凝聚了各地民众的思想情感、道德风俗、审美趣味和民族特色。明清时期是庙会发展的鼎盛时期，其内容丰富，规模空前。清代四川庙会是中国传统庙会的典型之一，移民、民族、地缘等因素造就了其典型性。"湖广填四川"为清代四川社会经济恢复和发展提供了基本动力，移民不仅带来了劳动力和耕作技术，还带来了他们原籍的信仰与文化。原住民与移民的信仰冲突和融合，会在各地庙会活动中体现出来。庙会活动的地域差异，也是信仰文化差异的一种反映。庙会作为空间实体，具有明显的时空特性，通过反映庙会地理分布和空间差异，可以使我们更好地把握和理解清代四川庙会发展的情况。

　　明清以来，四川地区庙会经历了兴盛、衰亡和复苏的阶段。明清时期，四川民间信仰十分繁盛，商业贸易发展迅速，造就了庙会的兴盛，庙会最终成为集祭祀、商贸、娱乐于一体的民间盛会。

四川庙会的衰亡大概经历了以下几个阶段：

第一个阶段是清末"庙产兴学"期间。四川各州县纷纷提拨庙产，这直接影响了寺庙道观的收入，致使一些寺庙缺少办庙会的资金。

第二个阶段是民国四川军阀统治时期。军阀直接将祠堂、庙产充公，又导致了一些庙会的停办。如峨眉县的灯山会，民国十八年（1929）之前最为盛行，各寺庙、祠堂均有产业。每逢过年则举一会首，由各祠堂、寺庙凑钱办会。民国十八年以后，刘文辉治川，将各祠堂、庙产多数充公，灯会冷落。再如会理县的朝斗会，清代称一时之盛。较大的寺庙均置有田产，收租息作朝斗费用。民国二十二年（1933）庙产提卖后，各寺庙朝斗也就停止。抗日战争期间，抗日为第一要务，一些地区的人们反对借神敛财，庙会活动减少，井研县即是如此。民国二十九年（1940），因抗日情势艰难，荣县政府更是明令禁止举办各种庙会。

第三个阶段是中华人民共和国成立后，为了消除封建残余，传统庙会大都停办，一些庙会变为物资交流大会。例如郫县在民国时期每年庙会不断，但中华人民共和国成立后，"朝会"的内容逐步从祭神等活动变为单纯的物资交流会。

改革开放以后，地方政府发现庙会有促进地方文化发展、拉动地方经济的积极作用，一些地方庙会又开始复苏。近些年来，国家重视非物质文化遗产的保护与传承，庙会是展现传统艺术文化的重要载体，因此各地也大力传承和提倡。

庙会研究不仅具有学术意义，也具现实价值。在当代社会中，庙会可以继续发挥增强乡村凝聚力、重构乡土意识、繁荣市场、调节乡民情绪等积极作用。希望本书对庙会文化的研究和展现，能够为传承和发扬中华优秀传统文化、促进乡村振兴助力。

本书原定的主题词是"神圣的世俗"，以反映神灵在民众心中具有一定的神圣性的同时，又表现庙会活动的功利、娱乐、商贸等世俗性特征。后来编辑卫老师建议更换"瞻礼"一词，更显雅致。翻检历史文献后发现，作为动词的"瞻礼"，可指民间求神拜佛的一系列行为。仔细想来，庙会活动始终有一项核心事项，即对神灵的祭祀和崇拜，无论是进庙烧香，还是迎神赛会，都有一套瞻仰礼拜的仪式，若没有这套仪式活动，庙会也不能称为庙会，只能算作集会。因此本书最终使用了"瞻礼"这一词，用于展现民间庙会中民众祭祀崇拜、酬神求神等一系列活动，世俗性则在具体的庙会活动中体现。

目　录

绪　论

一、选题缘由

庙会是传统社会的民间盛会，曾遍布中华大地。每当会期来临，人们聚集宗教场所祭拜神灵、观演戏剧、买卖商品、唱歌跳舞，甚至饮酒狂欢。但这种"狂欢"精神并非开始就有，而是逐渐发展而来的。唐以前的庙会大都以祭祀为重，明清时期的庙会具有了宗教、娱乐、商贸等功能。明清时期是中国古代庙会发展的鼎盛时期，庙会种类、规模都远超以前，庙会活动也丰富多彩。庙会的发展、变迁和民众生活、社会变迁均有直接的关联，庙会本身也是一种历史文化的载体，且传承至今。本书以庙会为研究对象，选取清代四川作为其时空范围，来探究庙会活动的空间差异与地理分布特征。之所以选取这样的课题，主要是从以下几个方面考虑：

首先，以往学界多从社会史、经济史的角度研究庙会的组织与管理、庙会祭祀与民间信仰、庙市与集市、庙会与乡村社会、庙会女性参与特征、庙会娱乐与艺术发展关系等问题，缺乏从历史地理角度来探究庙会的空间分布特征。本书试图通过对清代四川庙会资料的全面搜集与整理，复原县一级庙会的数据，从而分析庙会的活动内容及空间展布，进而探究各个庙会的空间分布特征及其差异性，以此窥探清代四川庙会发展的情况。

其次，庙会作为传统民间文化的载体，其发展与变迁能够折射出当时社会发展与转型情况。庙会形成的基础条件表现为宗教的繁荣和商品经济的发展。宗教繁荣意味着信众的广泛和寺庙道观等宗教场所的增多，由此庙会才有了空间场地的依托和参与的广泛性。商品经济的发展，促进了庙会中商业贸易的繁荣，因此很多庙会也被称作"庙市"。反之，庙会繁荣也就能反映当时宗教和商品经济的发展概况。清代四川地区的庙会比较兴盛，这也说明清代四川地区的宗教比较繁荣，佛教和道教的影响都有扩大之势。民间信仰则更多，表现为四川各地供奉的小区域神日益增多，蓝勇曾指出清代四川"民间神祇数目成日益壮大之势"①。同时也反映出清代四川地区的经济得到快速恢复和发展，商业也比较繁荣。此外，由于移民大量迁入四川，其原住地的信仰同时被带入，进入四川后又开始接受新的神祇，这样的变化也可以通过其举办的庙会反映出来。不同地区的庙会，反映的是不同民众的信仰文化。通过他们举办庙会的空间展布，就能获得其信仰的地理分布情况，进而更好地把握和理解清代四川地区庙会发展的情况。

再次，传统庙会一般不设门槛，各个阶层皆可参与其中，那么庙会对于社会的整合作用也就被凸显出来了。清代四川大部分庙会是开放性的。庙会除了宗教祭祀的严肃性，其娱乐性也较

---

① 蓝勇：《西南历史文化地理》，西南师范大学出版社，1997，第187页。

强，异神娱人的活动是庙会最为重要的活动内容之一，参与的人们也就在这样一个庙会空间里沟通交流。庙会本身也给不同地区、不同族群、不同信仰的人传播了庙会本身神祇的神灵观，使之逐渐认同。此外，庙会的作用还有很多，如促进人际交往、物资交流、区域文化传播等。这些功能与作用能够对地方社会，特别是移民社会产生重要的整合。既然庙会对整个社会起着重要的整合作用，那么选择这样的课题的意义也就被凸显出来。

最后，研究清代四川庙会也体现出关怀现实的历史地理学思想。中华人民共和国成立后，传统庙会逐渐消失，大部分庙会变成物资交流大会。近二三十年来，人们又开始恢复传统庙会，地方政府也把庙会作为一种文化资源加以开发和利用。例如，近年来峨眉山飞来殿举办庙会，参与人数达十万之众①。四川梓潼七曲山大庙二月举办文昌庙会，历时半月，规模亦十分宏大②。重庆丰都庙会还成功跻身国家非物质文化遗产，产生了重要的经济文化价值。本书希望，研究传统庙会能够为当今庙会的传承与发展提供一些现实参考。

综上所述，研究清代四川庙会活动与地理分布，不仅具有强烈的现实关怀，也具有一定的学术意义。从历史地理角度研究庙会，也可丰富历史文化地理的研究内容，为我们理解清代四川区域差异提供一个新的文化因子。

---

① 林立：《峨眉山飞来殿 10 万人赶大庙会》，《四川经济日报》2014 年 2 月 10 日第 7 版。
② 董秀、谭显林：《四川梓潼文昌庙会举办》，《中国旅游报》2010 年 3 月 24 日第 3 版。

二、学术史回顾

庙会作为一种历史文化的载体，在 20 世纪初就已经引起了历史、社会、民俗、人类学者的关注，取得了较为丰硕的研究成果。既有全面深入的专著，也有大量研究庙会的论文，还有一些调查报告。下面就从研究传统庙会的论著出发，梳理国内外学者对中国古代庙会的研究现状。

学界对庙会的调查与研究，始于 20 世纪 20 年代。1925 年顾颉刚等人对妙峰山香会做了深入调查，并出版了《妙峰山》① 一书。之后，全汉昇写了《中国庙市之史的考察》，虽然他也关注到了庙会的休闲娱乐性，但仍把庙会等同于庙市，突出庙会的商业贸易功能②。这一时期，学界兴起了对地方宗教、风俗的调查，如郑合成对安国药市和太昊陵庙会的调查③，卫惠林对丰都宗教习俗的调查④，林用中、章松寿对杭州老东岳庙会的调查⑤，王宜昌对北平庙会的调查⑥。他们主要是受到当时倡导的理性和科学的影响，也是出于对国家建设、民众教育和发展实业的考虑而开展调查与研究的。

---

① 顾颉刚：《妙峰山》，上海文艺出版社，1988。
② 全汉昇：《中国庙市之史的考察》，《食货》1934 年第 1 期。
③ 郑合成：《安国药市调查》，《社会科学杂志》1932 年第 3 期；《陈州太昊陵庙会调查概况》，河南省祁县教育实验区，1934。
④ 卫惠林：《丰都宗教习俗调查》，四川乡村建设学院研究实验部，1935。
⑤ 林用中、章松寿：《老东岳庙会调查报告》，浙江省立民众教育实验学校，1936。
⑥ 王宜昌编《北平庙会调查报告（侧重其经济方面）》，北平民国学院，1937。

　　20世纪50年代，庙会基本被取缔，一些较大的庙会被改为物资交流大会，导致学界对庙会的研究迅速减少。直至20世纪80年代，庙会有所恢复，学术界又重新燃起了对庙会研究的热情，特别是对庙市的研究。仲春明从经济史的角度，探讨了庙会市场的意义①。全国庙会文化研讨会于1991年5月18日在陕西宝鸡举行，此会筹备了三年才成功举办，会后还出版了《论庙会文化》的论文集②。这次会议从多角度讨论了庙会的起源与历史发展轨迹、庙会文化的概念及研究对象等问题。这次讨论会具有政策导向性，对恢复传统庙会和全面深入研究庙会起到了重要的促进作用。此后，庙会的学术论著相继出现。

　　高有鹏、孟芳探究了庙会文化的基本功能与特征。他们认为庙会的首要功能在于对传统民族文化的积淀和传播，其次才是经济功能。庙会的特征体现在娱乐性、神秘性、集体性、继承和变异的统一性、阶段性、地域性等③。王兆祥与刘文智从庙会的起源与发展、庙会与宗教信仰的关系、庙会与娱乐文化、庙会与商业贸易、庙会的职能及社会影响五个方面来梳理中国古代的庙会，可以说这部著作是对前一阶段庙会研究的全面概述和总结④。

　　从论著发表的时间和内容来看，20世纪80年代到90年代初期，庙会研究多是"面"上的宏观研究。到了20世纪90年代中后期，这一现象发生了变化。一些学者发现了庙会的区域差异

---

① 仲春明：《中国的庙会市场》，《上海经济研究》1987年第5期。
② 高占祥主编《论庙会文化》，文化艺术出版社，1992。
③ 高有鹏、孟芳：《简论庙会文化的基本功能与基本特征》，《河南师范大学学报（哲学社会科学版）》1995年第6期。
④ 王兆祥、刘文智：《中国古代的庙会》，商务印书馆国际有限公司，1997。

性，并有意识地选择从区域的、个案的层面来研究庙会，如高有鹏所著《中国庙会文化》①。甚至有学者把"庙会"作为切入点，来探讨中国传统社会的其他问题。例如，宋军对庙会与集市、红阳教传播的相互影响的关系的研究②。庙会研究的范式转向，与社会史在中国的兴盛是分不开的。一些学者"眼光向下"，开始关注下层普通民众的生活。

赵世瑜的研究正体现了这种研究范式的转向。他一开始关注了华北的庙会③，之后对比了江南庙会与华北庙会的特征④，并提出庙会的"狂欢精神"⑤，再然后他把庙会作为切入点探讨了城乡关系⑥。其后他将一系列庙会论文汇编成《狂欢与日常：明清以来的庙会与民间社会》一书。赵世瑜对庙会研究的贡献，与其

---

① 高有鹏：《中国庙会文化》，上海文艺出版社，1999。

② 宋军：《集市、庙会与红阳教的传播——以嘉庆年间直隶顺天府通州为中心》，《中国历史博物馆馆刊》1997 年第 2 期。

③ 赵世瑜：《明清时期华北庙会研究》，《历史研究》1992 年第 5 期。

④ 赵世瑜：《明清时期江南庙会与华北庙会的几点比较》，《史学集刊》1995年第 1 期。

⑤ 赵世瑜：《中国传统庙会中的狂欢精神》，《中国社会科学》1996 年第 1期。刘晓春针对赵世瑜提出的中国传统庙会具有狂欢精神的观点在当代进行了验证，他认为判断庙会是否具有狂欢精神，"主要是看它与一个时期占统治地位的主流意识形态之间的关系如何。如果在仪式的表演与庙会的符号语言的运用方面并不与主流意识形态形成对抗，尽管它沿用了该庙会的许多外在形式，但是我们很难就此判定，该庙会具有一种狂欢精神"。刘晓春根据这样的判断认为当代民间庙会文化复兴已不具有民间意义，所以中国传统民间庙会的狂欢精神在当下已经丧失了。具体表现在权力政治对民间记忆或明显或潜在的影响以及庙会的功利化趋向，使庙会自身具有的狂欢精神消失了，剩下的只是权力政治的地方性表述，还有民间纯粹金钱欲望的仪式化追求。（参见刘晓春：《非狂欢的庙会》，《民俗研究》2003 年第 1 期。）

⑥ 赵世瑜：《庙会与明清以来的城乡关系》，《清史研究》1997 年第 4 期。

说体现在对庙会功能、狂欢特征的归纳与阐释上，不如说他把空间观念加入庙会研究之中，这是区别于以往庙会研究之处。具体来说，体现在对庙会中心地的研究。受到杨吾扬和施坚雅启发，他采用了克里斯塔勒"六边形"的中心地理论，分析了北京庙会的空间分布、河北吴桥县庙会和集市的空间关系。研究表明中心地理论确有一定的适用性，但是由于地形、人口等方面的差异，在一些地方其形状构成一种"随形"的网络①。

无疑，赵世瑜的研究为以后的学者研究庙会提供了一个新的起点。但是，我们也应该清楚地认识到，这一阶段的文章，大都还是"面"上描述、归纳和阐释，而对区域的、个案的、深入的、具有联动性的庙会研究还明显不够。对赵世瑜提出的，庙会作为"一个独特的经济文化网络"的研究，更是处于起步阶段。诚然，这也为我们后来者，提供了一个好的思路。

几乎与赵氏同一时间关注庙会的学者是朱小田，其著作是《在神圣与凡俗之间——江南庙会论考》②。他的研究与赵世瑜的研究，有很大不同，借用了社会学、人类学的研究范式和理论，特别是借用了涂尔干将社会分为"神圣"和"凡俗"两个世界的思想，并引用了大量国外关于神圣性、凡俗性、休闲性等方面的理论成果，力图全面阐释庙会中的仪式、信仰、神话、休闲等方

---

①　赵世瑜：《狂欢与日常：明清以来的庙会与民间社会》，生活·读书·新知三联书店，2002，第211页。
②　小田：《在神圣与凡俗之间——江南庙会论考》，人民出版社，2002。

面的深层次意义①。朱小田发现庙会的变异过程，正好与传统封建王朝向民族国家转变的过程契合，通过对庙会变异的研究可以透视近代江南社会的转变。朱小田的研究也有一些不足之处，他没有把庙会纳入特殊的地理环境之中来考量，其研究缺乏空间感。比如对庙会"会脚"和辐射圈的问题、庙会的空间层级问题、社会空间结构等问题，未做深入的探讨。

21世纪以来的庙会研究，一般是基于特定一个区域来展开②，利用庙会在内的节庆文化来分析区域差异的③。近年来，随着研究的深入和细化，学者就庙会的一个层面加以研究，比如对特定区域的特定市场研究④、庙会仪式的研究⑤，还有学者利

---

① 郁喆隽也尝试用"市民社会"理论来阐释迎神赛会对于中国宗教生活的意义。参见郁喆隽：《神明与市民：民国时期上海地区迎神赛会研究》，上海三联书店，2014。

② 刘霞：《明清时期山东庙会研究》，硕士学位论文，山东师范大学，2006；刘冲：《明清时期淮北地区庙会研究》，硕士学位论文，云南民族大学，2012；胡吉伟：《近代东北庙会研究》，硕士学位论文，辽宁大学，2010。

③ 朱海滨：《浙江节日习俗的区域特征及地域差异》，载《节日研究》（第2辑），山东大学出版社，2010。

④ 张萍：《明清陕西庙会市场研究》，《中国史研究》2004年第3期；龚关：《明清至民国时期华北集市的集期分析》，《中国社会经济史研究》2002年第3期；谢庐明：《清代赣南客家庙会市场的地域特征分析》，《赣南师范学院学报》2005年第4期；丁德超：《近代时期豫西北农村庙会市场研究》，《古今农业》2008年第2期。

⑤ 小田：《庙会仪式与社群记忆——以江南一个村落联合体庙会为中心》，《民族艺术》2003年第3期；方志龙：《清末民国江南地区跨境迎神赛会的社会空间——以吴江"双杨会"为中心》，《历史地理》2016年第1期。郑振满认为仪式是权力的象征。（参见郑振满：《神庙祭典与社区发展模式——莆田江口平原的例证》，《史林》1995年第1期。）

用民间文献对朝山进香的交通路线和香客阶层进行了研究①，更有学者利用庙会的会簿来研究宗族控制和民间会社借贷②。民俗学者则从文化体系的角度，分析了庙会乡土性、历史性的演进逻辑和庙会呈现的稳定性③。

总之，从学术脉络上讲，大陆学者对庙会的研究大致可分为两个阶段。第一阶段，20世纪20年代到90年代初期。学者多从宏观层面进行研究。具体来说，体现在研究庙会的兴起与发展阶段、庙会的文化功能与市场功能、庙会的特征等。第二阶段，90年代中期至今。区域的、个案的庙会研究成为学术界的共识，研究逐渐从"面"到"点"，研究的问题更加细致，研究志趣也开始有了变化。具体来说，体现在运用新的理论阐释庙会的功能与意义、研究庙会与市场的关系等，并开始将"庙会"作为研究社会的切入点，注重庙会的相关性研究。

20世纪70年代，台湾"浊大计划"实施后，"祭祀圈"理论逐渐成形。台湾学者施振民、许嘉明、林美容等人利用这一理论

---

① 王振忠：《华云进香：民间信仰、朝山习俗与明清以来徽州的日常生活》，《地方文化研究》2013年第2期；王健：《明清以来杭州进香史初探——以上天竺为中心》，《史林》2012年第4期；孟昭锋、王元林：《明清时期泰山进香及相关问题研究》，《西安电子科技大学学报（社会科学版）》2012年第5期；岳永逸：《朝山：庙会的聚与散，映射出的民间的生活与信仰》，北京大学出版社，2017。

② 夏爱军：《明清时期民间迎神赛会个案研究——〈祝圣会会簿〉及其反映的祝圣会》，《安徽史学》2004年第6期；章毅：《祀神与借贷：清代浙南定光会研究——以石仓〈定光古佛寿诞会簿〉为中心》，《史林》2011年第6期；章毅、李婉琨：《受限制的市场化：近代浙南五谷会研究》，《社会科学》2013年第9期。

③ 岳永逸：《行好：乡土的逻辑与庙会》，浙江大学出版社，2014；蒲娇：《民间庙会稳态性研究：以天津皇会为例》，中国文史出版社，2016。

广泛讨论了庙会及信仰等问题。巫仁恕也讨论了庙会仪式与权力象征问题，他以江南城隍会为中心的研究发现，庙会中的仪式常被民众利用，进而转化成集体抗议的行为，以此来抵抗官方的权威，这个过程体现了城隍信仰在仪式、神格与庙宇功能等方面的变化①。

其后，具有叙事史写作风格的陈熙远也专门研究了节庆文化。如他对元宵开放夜禁的分析，展现了民众在节庆中的狂欢图景。这里的狂欢其实是颠覆日常的秩序，是对城乡之隔、男女之防等礼教的挑衅。而官方一面尊重民俗，另一面又想把这种狂欢纳入能够控制的秩序之中，以期维护礼法②。此外，他还关注了江乡水域的龙舟竞渡，探讨了竞渡的典故借用和变迁、龙舟造型与形式以及民之"欢闹"与官之"秩序"间的矛盾，也体现"同节异庆"的地域差异③。

可以说，台湾学者对庙会问题的关注度比较高，对台湾的庙会问题做了比较广泛的研究，也注重从长时段的角度来研究庙会文化④。康豹指出："近年来，越来越多的学者开始检视庙会信仰

---

① 巫仁恕：《节庆、信仰与抗争——明清城隍信仰与城市群众的集体抗议行为》，《台湾"中央研究院"近代史研究所集刊》2000 年第 34 期。
② 陈熙远：《中国夜未眠——明清时期的元宵、夜禁与狂欢》，《台湾"中央研究院"历史语言研究所集刊》2004 年第 2 期。
③ 陈熙远：《竞渡中的社会与国家——明清节庆文化中的地域认同、民间动员与官方调控》，《台湾"中央研究院"历史语言研究所集刊》2008 年第 3 期。
④ 谢宗荣：《台湾的庙会文化与信仰变迁》，博扬文化事业有限公司，2006；宋光宇：《城隍爷出巡：台北市、大稻埕与霞海城隍庙会一百二十年的旋荡（1879—2000）》，花木兰出版社，2013。

及节庆在形塑当地社会经济发展的重要性。"① 《民俗曲艺》第
147期，还专门出了《庙会与地方社会》专辑②。

日本学者较早关注到了庙会之于社会的重要作用。早在1938
年，冈田谦就研究了台湾汉人祭祀与通婚问题，还提出了"祭祀
圈"的理论③。斯波义信论述了宋代江南、四川等地的庙市情况，
发现在宋代利用宗教活动而举办的庙市，在地方城市和农村较
多④。铃木智夫研究了明清时期农民不断到杭州进香的原因与乡
里进香集团有关，因为进香集团要进行组织交易及技术传播⑤。
涩谷裕子利用会簿资料，研究了徽州地区内的各种关系是以祭祀
结合起来的，祭祀组织通过关系网络发挥其社会功能⑥。田仲一
成则关注了庙会中的戏剧与地方宗族的关系⑦。滨岛敦俊从江南
地区的总管信仰研究出发，分析了随着江南商业的发展，农民的
生活空间扩大到了市镇，也揭示了江南地区民间信仰透视下的社
会结构⑧。

美国学者韩书瑞对北京妙峰山碧霞元君庙会进行了考察，探

① 康豹：《庙会与地方社会》，《民俗曲艺》2005年第147期，第9页。
② 康豹：《庙会与地方社会》，《民俗曲艺》2005年第147期。
③ 冈田谦：《台湾北部村落之祭祀范围》，陈乃蘗译，《台北文物》1960年
　第9卷第4期。
④ 斯波义信：《宋代商业史研究》，稻禾出版社，1997，第379页；《宋代江
　南的村市和庙市》，《东洋学报》1961年第2期。
⑤ 铃木智夫：《关于明清时代农民的杭州进香》，《史境》1986年第13期。
⑥ 涩谷裕子：《明清时代徽州江南农村社会祭祀组织》，《史学》1990年第
　59卷第1、2、3号。
⑦ 田仲一成：《中国的宗族与戏剧》，钱杭、余任白译，上海古籍出版社，
　1992。
⑧ 滨岛敦俊：《明清江南农村社会与民间信仰》，朱海滨译，厦门大学出版
　社，2008。

讨了碧霞元君庙会反映的民众信仰以及对当地社会的影响①。在他主编的 *Pilgrims and Sacred Sites in China*（《中国的朝圣者与圣地》）一书中，相关学者还对中国的朝山进香问题进行了研究，以期深入阐释朝圣的现象②。吉恩·库珀认为20世纪50年代庙会被取缔，80年代又开始恢复，这一事件体现出了中国政府对庙会的态度和政策的转变。他认为国家主导的经济改革造就了世俗商品交易场所的复兴，地理和隐喻的空间发挥了重要的作用。因为庙会不仅是各种各样的文化传播、扩散的场地，还是宗教场所③。法国学者葛兰言从社会学的角度对先秦时期的节庆和圣地做了研究，并分析了当时的社区生活④。

以上回顾了国内外学者对中国传统庙会问题的研究情况。总的来说，目前学术界对庙会的研究已经有一定深度，成果也比较丰硕。但是，也还存在一定的研究空间，有继续拓展的必要。

一是在区域选择上明显偏重华北、江南、华南和台湾等地区，对四川地区的庙会研究明显不足。二是从研究视角看，以社会史、经济史角度的研究成果较多，对于庙会所具有的区域性、地理特征的研究还很不够，专门从历史地理视角开展庙会研究的

---

① 韩书瑞、周福岩、吴效群：《北京妙峰山的进香之旅：宗教组织与圣地》，《民俗研究》2003第1期；巫仁恕：《评韩书瑞（Susan Naquin）教授〈北京：寺庙与城市生活〉》，《明代研究通讯》2003年第6期。

② Susan Naquin and Chün-fang Yü（eds.），*Pilgrims and Sacred Sites in China*（Berkeley：University of California Press，1992）.

③ Gene Cooper：*The Market and Temple Fairs of Rural China：Red Fire*（London：Routledge，2013）.

④ 葛兰言：《古代中国的节庆与歌谣》，赵丙祥、张宏明译，广西师范大学出版社，2005。

论著并不多见。以往的研究常常忽视了庙会的时空特征和区域差异，对同一类庙会和一个区域内部庙会的多元性和差异性研究也较少。中国是一个地理差异明显的国度，这就需要我们在特殊的地理环境下，来研究中国传统庙会。基于这样的思考，本书选取清代四川作为研究的时空范围，并从历史地理角度来探究清代四川庙会空间差异和区域特征。

相比其他区域来说，学界对四川地区传统庙会的研究还不是很多，已有的研究主要集中于对单个庙会或小区域庙会的研究。如周九香对崇州城隍庙会的研究①，郭一丹对新都"木兰会"的个案考察②，孙跃中对成都庙会文化和近代成都劝业会做的细致探讨③。此外，与庙会相关的研究，又主要集中在庙会民俗文化与庙产兴学方面。况红玲把传统四川庙会具有的民俗文化作为旅游资源来挖掘，徐跃在清末庙产收归政府或军阀支持新学堂的开办等方面做了探讨④，梁勇利用巴县档案等资料探讨了清末"庙产兴学"与乡村权势的转移问题⑤。庙产是支撑庙会发展的重要资金来源，庙产被征收，直接使举办庙会的资金成了大问题，对

---

① 周九香：《城隍祭祀与崇州城隍庙会》，《文史杂志》2011年第1期。
② 郭一丹：《在神圣与世俗之间——以新都"木兰会"为中心》，《成都大学学报（社会科学版）》2012年第4期。
③ 孙跃中：《从花会到劝业会——成都庙会文化的历史沿革》，《文史杂志》2005年第3期；《近代成都劝业会研究》，硕士学位论文，四川大学，2006。
④ 徐跃：《清末庙产兴学政策方针与地方的运作——以清末四川叙永厅为个案》，《华中师范大学学报（人文社会科学版）》2013年第3期。
⑤ 梁勇：《清末"庙产兴学"与乡村权势的转移——以巴县为中心》，《社会学研究》2008年第1期。

庙会的发展相当不利。另外，蓝勇的《西南历史文化地理》①、李文清的硕士论文《明清四川岁时习俗的区域差异研究》② 和林移刚的博士论文《清代四川民间信仰地理研究》③ 都或多或少涉及了四川一些庙会的地理分布问题。但在资料统计方面还存在一些缺漏，也没有专门讨论清代四川庙会的地理分布和空间差异问题。针对以上不足，本书在全面搜集清代方志资料的基础上，建立县一级的庙会数据，再利用这些数据，探究清代四川地区庙会活动的空间差异和地理分布情况，为更好地把握和理解清代四川庙会的地理特征和发展脉络做出一点努力。

三、资料与方法

本书的重点问题主要有以下三点：第一，复原出清代四川各庙会的空间分布，并总结分布特征。第二，展现清代四川各庙会的活动内容与空间差异性。第三，根据复原的县级庙会数据，宏观把握清代四川庙会的区域差异及总体特征。

本书遇到的难点是县级庙会数据的完整性问题。清代是庙会的大发展期，庙会在四川各地均比较盛行，因为有关庙会的资料大都集中在各地的方志之中，所以本书就以方志资料为中心来构

---

① 蓝勇对移民会馆举办的庙会和川主会有过研究。参见蓝勇：《西南历史文化地理》，西南师范大学出版社，1997，第474、518、519页。
② 李文清：《明清四川岁时习俗的区域差异研究》，硕士学位论文，西南大学，2009。
③ 林移刚：《清代四川民间信仰地理研究》，博士学位论文，西南大学，2013，第27页。

建清代四川县级庙会数据。但有关庙会的方志资料有以下几个不足：

第一，各地的方志资料大都不能反映出庙会时间上的变迁。这就造成本书难以构建清代四川庙会的时间变化序列，仅仅能够讨论庙会会期的时间特征。第二，方志的缺失和方志中关于庙会资料的缺失，会直接影响到对各庙会分布的完整性的了解。很多地方没有清代的方志，抑或是有志，但志中并没有记载庙会的相关情况。但我们并不能就此认为清代在这个地方就没有庙会的存在，笔者搜集民国和现代方志时发现，其中有很多清代方志没有记载的庙会，在民国或现代方志之中又明确说在清代就存在。笔者曾打算使用民国资料进行补充，使数据更加完整，但又发现，添加民国资料打破了原有清代方志数据的完整性，并不可取。民国或现代方志记载的庙会有可能清代确实没有，即使清代有这个庙会，但其记载的庙会情况已经带有民国庙会的情形，并不能反映出清代庙会的真实情况。

此外，清代方志记载庙会时，并不详记其举办地点。比如说各县的土地会，县内很多地方都要举行，但是修志者只记载本县有土地会，而不记载具体办会的地点。所以，本书所说的庙会数量，其实并不是全部的数量，更多是庙会类型上的数量。方志记载的一些庙会，只能说明本县有这样一种庙会。

尽管这些方志数据是不完整的，但是清代方志记录的方式，各地基本类似，即上述方志缺陷是一个普遍现象。既然是普遍现象，那么方志中存留的庙会资料就具有样本数据的意义，是能够反映出清代四川各庙会的大概分布情况的。所以，本书拟根据清代方志资料来统计以县为空间单位的庙会数据，通过这些资料来复原各庙会的分布情况，总结区域特征。

需要说明的是，在展现和分析清代四川庙会具体活动时（第一、二、三章的内容），本书将使用民国及现代方志、竹枝词等文献资料加以"细描"，以此呈现庙会活动的丰富面相和细致图景。

本书将运用历史地理学的方法，并以统计学、地理学、计量学等相关学科的研究手段，来展开研究。具体来说，采用历史文献分析法、区域对比法、图表分析等方法，将文献转化为数据进行统计、对比分析，找出庙会的分布特点，并分析其原因。本书选择的时间范围是清代，空间范围以嘉庆二十五年（1820）的四川省版图为准。

四、庙会的界定

今天我们所称的庙会，放之古代则有不同的含义。中国古代早期的"庙"是指供奉祖先的宗庙。《诗经·周颂》中有《清庙》："于穆清庙，肃雍显相。济济多士，秉文之德。对越在天，骏奔走在庙。不显不承，无射于人斯。"官吏在宗庙中祭祀和歌颂文王，其实也把庙当作权力的象征。《诗序》卷下记载"周人禘喾，又曰天子七庙，三昭、三穆及太祖之庙"①。可见，夏商周时期就有为先祖立庙的情况。而中国早期的"会"是指诸侯会盟。《管子》记载"时时见曰会，欲求天下诸侯修时见之会②。"

---

① 《诗序》卷下，《钦定四库全书》本。
② 《管子》卷八，房玄龄注，《钦定四库全书》本。

《左传》也记载："诸侯三岁而聘，五岁而朝，有事而会，不协而盟。"① 所以，先秦时期的"庙""会"不同于后世之庙会。后世之庙会兴起于魏晋南北朝时期，唐代已基本定型，宋代之后庙会活动有了发展②。"庙会"一词出现在明代，明清两代是庙会的鼎盛时期。那么，何为"庙会"呢？

　　这一问题学界有不同的意见。全汉昇认为"庙会也就是庙市的意思，两者并没有分别。"③《辞海》的定义是："庙会亦称庙市，中国的集市形式之一。唐代已经存在。在寺庙节日或规定的日期举行，一般设在寺庙内或其附近，故称庙会。"④ 赵世瑜认为："庙会或称香会，或称庙市。或因特定的庙或特定的神而称某某会，如大王会、夫人会等，或因从事交易的内容而称之为骡马会、皮袄会、农器会等，或有特定的历史原因如天津之皇会等，也有个别地方呼为神集，与庙市一词意颇类似，还有的地方并无庙而也称庙会，如北京清季之厂甸和天桥。总之一般统称为庙会。"⑤ 高占祥也认为："庙会亦称'庙市'，是特定日期在寺庙内及其附近举办的集市活动。"⑥ 这一类定义中，庙市成为庙会的替代或是最重要的内容。

　　其后，朱越利发表了一篇针对《辞海》"庙会"条辩证的文章。他认为《辞海》的定义只看到城乡物资交流，没有看到更重

①　《春秋左传正义》卷三十，杜预注，孔颖达疏，《武英殿十三经注疏》本。
②　张萍：《明清陕西庙会市场研究》，《中国史研究》2004 年第 3 期。
③　全汉昇：《中国庙市之史的考察》，《食货》1934 年第 2 期。
④　辞海编辑委员会编《辞海》，上海辞书出版社，1989，第 2230 页。
⑤　赵世瑜：《明清时期华北庙会研究》，《历史研究》1992 第 5 期。
⑥　高占祥主编《论庙会文化》，文化艺术出版社，1992，第 1 页。

要的东西。而他的定义是："庙会是我国传统的民众节日形式之一。它是由宗教节日的宗教活动引起并包括这些内容在内的在寺庙内或其附近举行酬神、娱神、求神、娱乐、游冶、集市等活动的群众集会。被引起的活动可能只有一项，也可能有两项或多项。这种庙会可称为节日型庙会。在规定的日期内在寺庙内或其附近举行的集市是庙市，庙市也被称为庙会。节日型庙会上的集市，也可称为庙市。应当说，节日型庙会才是民众心目中真正的庙会，从科学研究的严格意义上讲也才是名副其实的庙会。庙会继承了我国古老的社祭，吸收了儒释道三教的某些思想和礼仪，继承了我国古代的集市和庙市，表现为传统的民众节日活动。它是我国传统文化、传统民俗的一部分，体现了顽强、乐观、感恩、务实和重食的民族性格。直至今天，庙会对于丰富人民的文化生活仍发挥着很好的作用，对于促进经济发展也有一定的意义。"①

这一定义较为全面，但略显冗长。朱小田认为上述定义没有抓住本质，他认为庙会"是以庙宇为依托，在特定日期举行的，祭祀神灵、交易货物、娱乐身心的集会"②。并从空间的结节性、主体的广泛性、内容的复合性三方面来阐释"界说"。

本书基本赞同朱小田对庙会的定义。本书认定的庙会（包括史料中的"朝山会""香会""迎神赛会"等），应具有以下三个特征：一、有"神灵"参与其中，并以宗教场所为中心的空间结

---

① 朱越利：《何谓庙会——〈辞海〉"庙会"条释文辨证》，载刘锡诚主编《妙峰山·世纪之交的中国民俗流变》，中国城市出版社，1996，第106页。
② 小田：《"庙会"界说》，《史学月刊》2000年第3期。

节性。没有"神灵"参与的、单纯的节日等集会，本书不认定为庙会。二、参与主体广泛性。不具开放性的宗教祭祀活动、行业性集会，本书不认定为庙会。三、庙会活动内容上包括祭祀、娱乐、商业等，内容可以单一也可以多项。

五、庙会的类型

对庙会的分类，目前学界未有定论。高有鹏在《中国庙会文化》一书中对庙会的基本类型进行了划分，他认为划分庙会有多种角度。从时间上看，可以分为春会、秋会、腊月、夏会、小满会、麦忙会以及古会、新会。从地理上看，可以分为山会、村会、城镇会，包括边地民族庙会。从祭祀性质上，可分为原始庙会、宗教神庙会等。其中宗教神庙会又可以分道教神庙会、佛教神庙会等。从祭祀内容上还可以更细地划分为原始大神庙会、祖先神会、英雄神会、神仙庙会、圣哲庙会、祖师神庙会、精怪庙会等类①。可列举如此之多的分类，说明庙会本身有其复杂性。

王兆祥、刘文智依据庙会的性质，认为庙会可划分为以宗教活动为主的庙会和以商业活动为主的庙会②。华智亚等人亦如此分类。他们认为庙会主要由庙宇、宗教、娱乐和商贸四个要素构成，但并不是每一个庙会都具有这四个要素，所以他们将庙会划分为完全型、宗教主导型、娱乐主导型和商贸主导型庙会。显

---

① 高有鹏：《中国庙会文化》，上海文艺出版社，1999，第 95 页。
② 王兆祥、刘文智：《中国古代的庙会》，商务印书馆国际有限公司，1997，第 17 页。

然，这样的分类还是难以区分每一种庙会，因为有些庙会可能同时有两种或三种要素显得更为突出。

当然，我们还可以从举办地的行政级别上把庙会分为府（州、厅）城庙会、县城庙会、乡镇庙会。府（州、厅）城举办的庙会如嘉定府的炎帝会、保宁府的府城隍会。县城庙会就更多了，如县城隍会、文昌会、东岳会等。乡镇庙会如巫山大昌镇城隍会、郫县安靖乡土地堂种籽会等。从庙会的举办时间分，可以分为定期庙会与临时庙会。庙会一般在神道始祖诞辰日等定期举办，但遇到旱涝灾害等情况又会临时举办一些庙会。如新津县的雨师会，期无定期，遇旱则"求普降甘霖"。从活动形式上可以分为迎神赛会（"行会"）与进香庙会（"坐会"）。迎神赛会主要是舁神，如成都十月初一的城隍出驾，舁神出城，仪仗威严，极为热闹。进香庙会是指人们在庙会会期之时，进庙上香祭拜，庙前一般有演戏酬神和商贸等活动。

四川的庙会纷繁复杂，种类很多，可以从不同角度做出不同的划分。四川境域很大，地域特征明显，不同区域有着不同的风土人情，这就造成各个地方庙会的形式、内容和名称上的不一致。要想对四川庙会进行精确的分类，实属不易，但我们可以从一个较大的层面进行归类，进而研究其各自的空间特征。

庙会之所以称之为"庙会"，就是因为有庙中神灵"参与"其中，而且会场一般都是在庙宇、道观或其他宗教祭祀场所或附近。鉴于此，本书大致从各个庙会祭祀对象（庙会祭祀的主神）的属性上把四川庙会归为佛教庙会、道教庙会、地方信仰三大类①。依此，本书前三章将探究三大类庙会的活动内容及其各个庙会的分布特征。需要说明的是，前三章仅讨论具有普遍性的佛教、道教和地方信仰类庙会，不具普遍性的、小区域范围内特有的庙会将放到第四章讨论②。

---

① 本书"地方信仰"指除佛教、道教神仙体系之外的地方神灵信仰。对有交叉的神灵信仰，本书依据搜集到的庙会史料从当时民众认同方面来认定其属性。

② 部分清代四川庙会（如瘟祖会）未在正文中讨论，但收入附录，特此说明。

第一章

佛教类庙会活动的空间差异与地理分布

　　庙会兴起的前提之一是宗教繁荣，魏晋南北朝时期佛教在四川已经有了传播；到了明清时期，四川佛教势力日益壮大[1]，信众也非常广泛，这为清代四川佛教类庙会的发展奠定了信仰的基础。佛教类庙会不如道教和地方信仰类庙会的种类多，但仍分布广泛。如一些寺庙在农历六月初六[2]举行晒佛经的庙会活动，会期礼佛的人们前往寺庙烧香拜佛，有些地方还会演戏酬神。道光《德阳县志》记载："释子陈佛经晒于日中，礼佛者亦云集，惟县西高斗寺演戏最盛。"[3] 再如，七月三十（小月则是七月二十九）为地藏菩萨生日，地藏庵等地在这一天会举行地藏王会。由于地

---

[1]　蓝勇：《西南历史文化地理》，西南师范大学出版社，1997，第191－209页。

[2]　除特别注明外，书中日期均为农历，以下不再注明。

[3]　同治《德阳县志》卷十八《风俗志》。

藏王信仰与目连信仰存在合流情况①，民间也会认为这天目连在地狱救母。因为目连眼睛看不见，所以在此日夜晚，家家敬地藏王，焚香插布遍地。由于故事存在"悲母"情节，女性参会较多，成都转轮藏街的尼姑地藏庵办会时，"藉此诱引妇女烧香"②，后警察局干涉，禁止办会。大足宝顶山是四川的佛教圣地，在明代就已香火鼎盛，"震耀川东"③。除省内各州府县外，周边云、贵、陕等省亦有信众前来瞻礼。民国时期有人统计"附近各县善男信女往来进香拜佛者，约十万人"④，可见信众之多广。清代四川分布比较广泛的佛教类庙会有佛祖会、盂兰会、观音会等，下面分而述之。

一、佛祖会

　　一年之中佛祖的宗教节日有四天，分别是二月初八的佛祖出家日，二月十五的佛祖涅槃日，四月初八的佛祖诞辰，十二月初八的佛祖成佛日。佛祖会在这些宗教节日之上发展起来。佛祖会在一些地方被称为浴佛会、大佛会、龙华会，佛祖会期间，寺院或民众要举行放生活动，故又被称为放生会。这些庙会并没有明显的界限，比如浴佛会本身只应在四月初八举行，而一些地方，如犍为县，把二月十五、十二月初八也叫作浴佛会，可见这些庙会名称在民间是模糊的，会期也有交叉。从资料来看，清代、民

---

① 尹富：《中国地藏信仰研究》，巴蜀书社，2009，第289—298页。
② 傅崇矩编《成都通览》（上册），巴蜀书社，1987，第552页。
③ 民国《重修大足县志》卷三《风俗》。
④ 大足县县志编修委员会编《大足县志》，方志出版社，1996，第233页。

国时期四川佛祖会主要是四月初八。为了突出佛祖会的差异性，笔者把除大佛会以外的佛祖会归为浴佛会一类，那么佛祖会就包括大佛会和浴佛会两类。

（一）佛祖会的活动内容与空间差异

1. 浴佛会

浴佛会是由浴佛节而兴起的庙会，浴佛节是为了纪念佛祖诞辰。《传灯录》说释迦牟尼生于周昭王二十四年四月初八，《荆楚岁时记》载"四月八日，诸寺设斋，以五色香水①浴佛，共作龙华会。"② 所以，浴佛会的会期一般为四月初八佛祖诞辰，但广安、犍为地区的会期也会在十二月初八③，犍为地区还把二月十五称为浴佛会④。之所以把二月也当作浴佛会的会期，可能有两点原因。一是《元枢经》记载："二月初八日乃佛祖生日也。周子健以子月为岁首，是以十一月为正月也。庄王九年四月初八日释迦生，以子至卯月，是今二月也。二月初八为佛生提无疑。"⑤二是在有关佛祖的宗教节日里，二月初八为释迦牟尼佛出家日。

---

① 按《高僧传》的说法，五色香水是指"以都梁香为青色水，郁金香为赤色水，丘隆香为白色水，附子香为黄色水，安息香为黑色水，以灌佛顶。"参见宗懔：《荆楚岁时记》，宋金龙校注，山西人民出版社，1987，第44页。清代四川还有以糖果水浴佛的说法，参见同治《直隶绵州志》卷十九《风俗》。

② 宗懔：《荆楚岁时记》，宋金龙校注，山西人民出版社，1987，第43页。

③ 光绪《广安州志》卷十一《方物志》，风俗。

④ 犍为县志编纂委员会编《犍为县志·社会志》，四川人民出版社，1986，第12页。

⑤ 嘉庆《华阳县志》卷十八《风俗》。

　　清代浴佛会主要有诵佛、浴佛、拜佛、放生等活动。民间有书"佛生四月八，毛虫今日嫁。嫁到青山外，永世不归家。""佛祖诞辰，毛虫远行"等红纸条贴墙壁的嫁毛虫习俗。会期当天"释子于各寺敲钟击鼓，以香汤浴佛躯，乡村叟妪皆集而起拜焉"①。营山地区还演戏、诵经办佛会②。佛教崇尚生命，所以在浴佛会这天"今四川官例，于四月八日禁屠宰一日"③，并举行盛大的放生活动。人们主要是买鱼、鳅、鳝、螺、龟、蟹、蚌、鸟等，沿河放生，有的也"以锣鼓、香烛放舟送之江中"放生④。

　　成都大佛寺的放生会相当热闹，"是日，江中彩船花舫，自官员以至绅氏，多醵金设宴。或挟优妓，笙歌杂沓，或由北门上舟者，或由东门上舟者，或绕舟于南河者，或维舟于濯锦楼者。官绅商民之妇女，无论老幼，亦结队游宴。两岸之民家楼口，红袖绿鬓，目不暇给。秦淮河之风趣，今日一见。""白塔寺、望江楼，游人如织。"⑤《成都通览》还记载了三则因游人太多而发生伤亡的事件。"又记光绪己亥年（1899），纪姓之争渡，人多舟覆，溺毙数人，佛未浴而人溺焉。又记丁酉年（1897），因游人上望江楼，压力太重，楼梯忽断，跌伤妇女十余人。又光绪三十四年（1908），江边路窄，有官轿被拥入河，某太太则为浴佛矣"⑥，可见"游人如织"并非虚称。成都放生会一直延续至民国

---

① 同治《德阳县志》卷十八《风俗志》。
② 同治《营山县志》卷十《舆地志》，风俗。
③ 道光《夔州府志》卷十六《风俗志》。
④ 同治《重修成都县志》卷二《舆地志》。
⑤ 傅崇矩编《成都通览》（上册），巴蜀书社，1987，第549页。
⑥ 傅崇矩编《成都通览》（上册），巴蜀书社，1987，第550页。

而不衰，时人陈伯怀曰："沿河多少丽人行，姊妹相随看放生。"① 秦晴川也言："红男绿女知多少，挤得人家大汗流。"② 由于放生规模很大，一些人专门贩卖鳅、鳝等放生动物，居然还出现了上游放生，下游打捞的现象。傅崇矩也感慨道："倘无人买放，则水族不至山积，是因放生而戕生也。"③

潼南大佛寺浴佛会时，"远者近者莫不来朝，近年以伏莽不靖，官出示禁之不能止"④。康定地区的浴佛会颇有民族特色，"是日，汉、康士女大多出游南郊较场及附近喇嘛寺，往来如织，篷帐纷立，亦有携来酒食，以作野餐者，颇一时之盛。"藏族群众"各携旗布经幡，口诵六字真言绕行山上，遇有浮屠之处，即挂经幡，焚烧柏枝，稽首拜祈，以求天麻"⑤。可以看到，在康定地区的浴佛会，汉藏群众均会参与，但方式却不一致。

浴佛会活动除了参与人数多，还有以下两个特点。第一，各个阶层的人都参与到庙会之中。上至官绅下到贫民，皆可参与其中，具有极强的开放性。第二，浴佛会期间备斋办会者较多。《乐山县志》记载："张鼓乐伞盖，送大油烛诣各梵宇，僧徒设斋供，今则无之。"⑥《广汉县志》也称"清代，备斋办会的较多"⑦。

---

① 陈伯怀：《四月八日游望江楼竹枝词》，载林孔翼编《成都竹枝词》（增订本），四川人民出版社，1986，第218页。
② 秦晴川：《放生会竹枝词》，载林孔翼编《成都竹枝词》（增订本），四川人民出版社，1986，第226页。
③ 傅崇矩编《成都通览》（上册），巴蜀书社，1987，第549页。
④ 民国《潼南县志》卷六《杂记志》，风俗。
⑤ 李亦人编《西康综览》第十三编第五章，康民之集会。
⑥ 民国《乐山县志》卷三《礼俗》。
⑦ 四川省广汉市《广汉县志》编纂委员会编《广汉县志》，四川人民出版社，1992，第609页。

2. 大佛会

从目前搜集到的资料来看，清代四川举办大佛会的地方并不多，二月办会的只有西昌和冕宁两个地方[①]。西昌白塔寺大佛会会期为"二月朔日至九日"，冕宁圆通寺大佛会会期是二月初一至初八[②]。

大佛会的活动特点是"大佛出驾"。圆通寺大佛会自二月初一起，"汉女番妇妆饰入城，献花进香，口宣佛号，手击钹鼓，俯伏蒲团，竞诵经卷，观者云集。市香烛者万计，还愿、饰扮功曹鬼卒者千计。至初八日，大佛出，游巡四街，高桩遐举，旗帜横飞，盈溢闾巷，男女混杂"[③]。白塔寺大佛会亦是二月初一举行，白塔寺飞来佛出驾于千佛寺或泉涌寺、西盛寺，驻九日，才返回白塔寺。在道光时期，二月初八城隍神也要陪同出巡，"装鬼怪者甚众"[④]。

白塔寺选择出驾的形式办会，主要是由于一个传说。"相传藏番昔年寇宁，围城急，乃告之。城民奉佛，佛首自西方飞来，忌出城，出则飞去，启城令其拜观佛相。九日，围乃解"[⑤]，自此才有大佛出驾之俗。

大佛会与浴佛会是佛祖会的活动内容。总体来看，佛祖庙会

---

① 其他地区的"大佛会"会期为四月初八，均为进香庙会。
② 咸丰三年（1853）冕宁大佛会，"宋紫临明府示禁后，此风渐息"，参见咸丰《冕宁县志》卷九《风俗志》。后来重办，会期则变为正月初一至初八，参见冕宁县地方志编纂委员会编《冕宁县志》，四川人民出版社，1994，第772页。
③ 咸丰《冕宁县志》卷九《风俗志》。
④ 道光《西昌县志略》卷一。
⑤ 民国《西昌县志》卷五《礼俗志》。

活动最主要的空间差异性体现在：清代四川浴佛会皆为进香庙会，而无异神出驾现象，直至民国时期办浴佛会时才零星出现异神出游现象。如民国灌县有"好事者异神出游，男女焚香追逐，俨然盛会"①。与浴佛会不同的是，大佛会在清代已经出现"大佛出驾"的活动，分布于四川的冕宁县和西昌县。

3. "大佛出驾"的解释

清代佛祖庙会中为何只有西昌和冕宁有"大佛出驾"活动？笔者认为可以从西昌白塔寺飞来佛的故事中找到一些解释。

西昌当地流传着这样一种说法，相传某年有藏族人到西昌贸易，因意见不合，被当地汉族人打伤，而藏族僧人被禁。藏族人认为有失公允，即聚众三千围城。城中兵少，情势危急。此时，有人建议说，既然藏族人崇佛，可谎称有佛自西方飞来，汉藏本一家，为念众生，摒戈息事。藏族僧人同意他们的建议，但要参佛，而西昌城内无佛，城内工匠就连夜赶工，仅造塑佛头，金身犹未竣工，只得以袈裟掩覆，抬出以示藏族人。但藏族人又要求入城礼佛。当政者应，但以人数众多，势难一齐接待为由，提出分期三年来朝的要求。于是围城者大半散解，围城得解。旋即纠工整材，赶造佛庵四座，东、南、西、北庵寺，四寺轮流迎飞来佛，九日而返。

此故事基本可以回答西昌大佛会兴起的原因，亦对大佛出驾的原因和形式做出了合理的解释。但对比不同时间的方志版本后，就很难认定此故事是历史事实，且其明显带有层累性。

目前发现最早记载西昌大佛会的是道光《西昌县志略》，其

---

① 民国《灌县志》卷十六《礼俗纪》。

记载为"二月初一日大佛自白塔寺至西来寺、涌泉庵、千佛寺等处，三年一周。初八日城隍出巡，装鬼怪者甚众，初九日大佛回白塔寺"①。由此可以看出，这只是描述了庙会的情形，并没有解释此种形式的原因，也没有记载参会者。

之后咸丰《宁远府志》的记载是"喇嘛瞻拜尤为恭谨"，"相传大佛之首，系从西域飞来"②。相比道光版记载，则增记了参会对象中有喇嘛，还解释了飞来佛首的由来，这说明至少在咸丰时期，这一故事就已经开始流传。

再后，民国《西昌县志》记载就详细得多，具体内容如下：

> 相传昔年藏番贸易，邛筰以龃龉被汉民击伤，番僧被禁。不平，即啸聚三千余众于周官厂，将攻城。戍兵少，城危，言汉民素信佛，番汉一家。番僧求礼佛，官兵乃星夜塑佛像，言自西方飞来，名飞来佛。佛出城，即飞去。月塑，番僧序列入城朝佛，九日而毕。自是番汉交好，城西立石塔刊番文以指路，番僧来建者，每次宿寺中。年二月朔，东、南、西、北寺迎佛，九日而返以为常。③

此故事几乎完美地解释了庙会的由来和大佛出驾各地的原因。这里可以提出一些有效信息：一、藏汉冲突是由贸易纠纷引起的。二、围城而未攻城，最终因飞来佛出现，藏族僧人态度突

---

① 道光《西昌县志略》卷一。
② 咸丰《宁远府志》，外纪志，西安古旧书店，1960。此书中有记载咸丰三年之事。
③ 民国《西昌县志》卷六《祠祀志》。

变，汉藏和解、交好。三、佛祖出驾的会期为九日。

此后，当代人有两种类似的说法。一是付仲光所撰《西昌的庙会》，其记载比民国版更为具体。

　　相传在明末清初之际，西藏喇嘛前来我县贸易，因与本地商贾发生冲突，被伤致死。藏区人民获悉后，伙同木里藏胞数千人，结队前来问罪，包围了西昌整个城市；知府推官出面调停，不易解决，以藏民信佛，县官登城墙上喻曰："昨夜藏区大金寺的佛祖，已飞来白塔寺，为念众生，免遭涂炭，诚尔等毋寻衅滋事。"一面命能工巧匠，连夜加班，造塑佛头，彩画金身，天已大明，左手犹未竣工，只得以袈裟掩覆，抬出以示藏民。所有汉藏两族人民，尽皆稽首皈依匍匐虔念"阿弥陀佛"百遍；但藏民又提出要求，须给来众近前瞻仰，方可罢休。当政者答应以人数众多，势难一齐接待，分期四年来朝，可满足藏民心愿！于是大半解散，县围得解。旋即纠工整材，赶造佛庵四座，东、南、西、北庵寺。如头年把佛接到东庵，则明年把佛接到南庵，第三年到西庵，第四年到北庵，周而复始，历年不替。每年至会期，藏民陆续踵至，朝觐不懈。①

从付仲光版本中，我们可以提取这样几个要素：一、明确了事情发生的时间在明末清初。二、称佛首自藏族聚居区"大金

---

① 付仲光：《西昌的庙会》，载《西昌市文史资料选编》（第四辑），1986，第144—145页。

寺"而来。三、围城的藏族人是"木里人"（今木里藏族自治县在明代处于四川、云南和朵甘都司的交界处，清代则属宁远府，由木里等土司管辖）。四、故事角色增多，知府、县官扮演了重要角色。

还有一种说法见于张祺所写的《西昌古白塔寺见闻》：

据说唐朝重建寺时，对如来佛像塑不成功后，才自西藏活佛专程送来佛头，刚好配上西昌的佛身，故大雄宝殿只挂"飞来佛"匾。说是明朝汉藏不和，动了干戈，藏族骑兵由前藏过木里，围攻西昌，官军屡战屡败，只得闭门不出。又无退兵之策，全城军民十分恐慌。当时白塔寺长老提出了解救西昌的良策。二月初九那天只见城墙上出现了佛门弟子佛幡宝盖，后面抬着"飞来佛"塑像。藏兵看到如来佛，如见到亲人，个个下马礼拜，并申明佛门弟子如同一家，愿息干戈。次日，西昌官府和群众准备了藏人爱食的冷饮欢迎藏兵。藏兵入城后由官府和地方人士陪同，亲到白塔寺参拜佛像后歃血为盟，誓言永不攻西昌，友好和平共处。会后美味佳肴招待他们，藏兵个个欢喜而归。故"飞来佛"退藏兵息干戈，成为民间流传的佳话。为了纪念这一日，每年二月初一到初九都是白塔会期，初九是盛会。①

张文有几个地方不同于付文。一、佛首是由西藏活佛专程送

① 张祺：《西昌古白塔寺见闻》，载《西昌市文史资料选编》（第三辑），1986，第149—152页。

来的。二、事件发生在明朝，只说了汉藏不合，没有说是因贸易纠纷而起。三、围城的藏族人是经过木里而已。四、官军曾有抵抗而失败，后闭门守城。五、提出建议的是白塔寺长老。六、因飞来佛的出现，藏兵主动和好，还在白塔寺歃血为盟。

梳理之后，我们发现"飞来佛退藏兵"的故事在咸丰三年（1853）之前就已经出现，民国三十一年（1942）的时候，故事基本框架已经相当完整，与大佛会可以完美匹配。到了20世纪80年代，付文、张文记载的故事就更加细致生动，特别是张文版还增加了故事的角色和环节。总之，"飞来佛退藏兵"的故事明显表现出层累性，时间越早故事越模糊，时间越晚故事越清晰、完整。这说明，不同时代的当地人不断制造更符合庙会实际的历史记忆，以此解释"大佛出驾"的合理性和权威性。

"飞来佛退藏兵"的故事是否有历史原型，多方对比史料后，仍难以确定。若暂且不管故事内容的真实与否，转而关注人们为什么讲这样一个故事，我们就会发现故事中的"飞来佛"是解决纠纷的关键因素。"飞来佛退藏兵"的故事主要线索是，藏族群众与西昌本地人出现矛盾后围城，而飞来佛一出现，矛盾自然化解，藏汉达成和解。这说明讲故事的人在故意凸显飞来佛之于藏族群众的"权威性"，整个故事也是在强调飞来佛对于汉藏交好的历史功绩，增强其"神圣性"。可以说，白塔寺等其他三座寺庙成为这一故事流传的受益者，故事使举办大佛会有了"合理性"，"大佛出驾"自然也有了"合理性"。

（二）佛祖会的地理分布

清代四川地区佛教寺庙分布广泛，各个寺庙也都会在佛祖节日举行法会，而发展成为庙会的却不是很多。根据清代方志统计数据显示（表1—1），清代四川地区举办佛祖会的有55县。佛祖庙会主要分布在成都府、嘉定府、重庆府、夔州府、叙州府等地区，其中成都府有10个县，嘉定府有6个县，重庆府、夔州府和叙州府各有4个县，成都府成为佛祖会的集中区。

如果打破政区界限，把表中内容对照到清代四川地图[①]上看，佛祖会呈现出带状和点状分布特点。带状主要集中在成都平原至川南泸州地区，点状分散在川东地区和川西南的西昌、冕宁两个地方。从佛祖庙会的活动内容上看，我们又可以把佛祖会分为进香庙会区与迎神庙会区。清代四川举办"大佛出驾"的迎神活动仅有冕宁、西昌两个地方，其他举办地皆为进香会，这是其活动内容在地域上的特征体现。

---

① 谭其骧主编《中国历史地图集》（第八册：清时期），中国地图出版社，1987，第39—40页。

表1-1 清代四川佛祖会分布表

府（州、厅）	分布状况	数量
成都府	成都、华阳、温江、新繁、金堂、灌县、新津、汉州、什邡、崇庆	10
嘉定府	乐山、峨眉、洪雅、犍为、荣县、峨边	6
潼川府	射洪、梓潼	2
夔州府	奉节、大宁、云阳、巫山	4
绵州	绵州、德阳	2
龙安府	江油	1
眉州	丹棱、青神、彭山	3
邛州	邛州	1
顺庆府	营山、南充、广安	3
重庆府	铜梁、合州、江津、长寿	4
忠州	垫江	1
绥定府	达县、新宁	2
宁远府	冕宁、西昌	2
酉阳州	酉阳、彭水、黔江	3
雅州府	雅安、天全、打箭炉	3
叙州府	宜宾、长宁、屏山、马边	4
泸州	纳溪、江安、合江	3
松潘厅	松潘	1

注：本表根据本书"附录：清代四川庙会史料汇编"整理。

二、盂兰会

盂兰会也称盂兰盆会，本是佛教在七月十五举行的法会。随着佛教的世俗化，盂兰会融入了道教和儒家的思想，加之《盂兰盆经》所载目连救母的故事广泛传播，使得盂兰会的世俗化加快，后来成为"汉民族祭祖古俗、道教中元节、佛教盂兰盆节的混合体"①。《荆楚岁时记》记载，"七月十五，僧、尼、道、俗悉营盆供诸寺"②，到了唐宋时期，盂兰会成为人们广泛参与的盛会③，而到了明清，盂兰会从"斋僧供佛"，转变为"荐亡者"的"鬼节"，各庙均念经超度鬼魂。府州县衙之班房差役还会在这一天集资念经，超度罪人。七月十五那天，人们纷纷进庙烧香，参与祭拜等仪式，这样盂兰会就依托寺庙而成庙会。一般在办会之前要先行筹集资金，"醵金作盂兰会"④，有些慈善团体也会出钱办会⑤。

（一）盂兰会的活动内容与空间差异

盂兰会主要有念经超度、焚烧纸钱、放焰口、放河灯、赏孤

---

① 范军：《盂兰盆节的宗教源流》，《华侨大学学报（哲学社会科学版）》2006 年第 3 期。
② 宗懔：《荆楚岁时记》，宋金龙校注，山西人民出版社，1987，第 57 页。
③ 梁霞：《浅论唐宋时期佛教盂兰盆会的民俗化》，《文学界（理论版）》2012 年第 7 期。
④ 同治《增修万县志》卷十二《地理志》，风俗。
⑤ 民国《泸县志》卷三《礼俗志》记载"慈善团体多设盂兰会，作佛事，利幽施孤"。

等活动内容。俗传七月初十鬼门关开，各家之死鬼均放归各家，所以各寺庙均要超度孤魂。民间则无论贫富，均要烧纸钱赈济孤鬼，"省城之钱纸铺，一年只望中元卖钱。计城内所费约需金钱一百余万，化为纸灰"①。七月十五日关闭鬼门关，"都人士舁城隍神像出北郭瘔间祭孤"②。有些地方还由官员主持迎城隍神，办盂兰会，就如城隍会般热闹。七月十五酉阳"县官祭厉迎城隍神出北门，杂扮彩亭仪仗，鬼卒囚徒闹哄喧阗"③。有些地方晚上还举行放焰口和放河灯的活动。德阳六省会馆办盂兰会期间，"扮铁围城、血河诸像，使礼佛者合掌唱佛偈，绕行其中，谓之破血河铁城"④。

从史料来看，一般情况下各地盂兰会均有念经超度和焚烧纸钱的活动，而放河灯、放焰口与城隍出巡活动并不是各地的盂兰会都有，这体现出盂兰会活动的空间差异性。

盂兰会当夜，人们到江河等处点燃河灯。河灯也被称为荷灯。一般上半部分是彩纸莲花，下面用木板、竹板等作为底座，再放上灯盏或蜡烛，放置水中任其漂流，借此表达哀思，有超度亡魂之意。放河灯活动分布于华阳、大宁、德阳、广安、长宁、酉阳以及叙州府等地。大宁"以纸为灯，实以油，燃放河中，多至数百盏，曰放河灯"⑤。广安更是"莫辨水面，灯火如繁星满

---

① 傅崇矩编《成都通览》（上册），巴蜀书社，1987，第 512 页。
② 嘉庆《华阳县志》卷十八《风俗》。
③ 同治《增修酉阳直隶州总志》卷十九《风俗志》。
④ 同治《德阳县志》卷十八《风俗志》。
⑤ 光绪《大宁县志》卷一《地理志》，风俗。

天，光摇数百里"①，场面相当壮观。

"焰口"在佛教语境中本指身体消瘦、口吐火焰的恶鬼。放焰口是指向恶鬼施投食物的法事，恶鬼开口进食，得到超度，以此脱离苦海。放焰口活动的具体仪式过程大致是在盂兰会当晚，在某庙门口或街沿边搭法台，众僧立两侧，一僧披袈裟戴佛帽登台高坐。诵经"挽诀"一阵，向台下"饿鬼"丢施食粑。一些妇女、小孩争先去捡，据说孩子吃了能除邪，不发梦癫②。放焰口的活动在德阳、广安、三台等地都有举办。三台县放焰口比较典型。盂兰会当夜设坛，"各街市灯火辉煌，钟梵声朗朗四达，以面饼为鬼食，遍抛地上，儿童争拾之"③。

七月十五，既是佛教的盂兰会，也是道教的中元鬼节，因此华阳、酉阳等地在盂兰会这天还将城隍赏孤的仪式加进来，即抬出城隍给孤魂野鬼烧纸作祭，谓地官赦罪之举。

（二）盂兰会的地理分布

从宏观上讨论清代四川盂兰会的地理分布之前，先看一下盂兰会的举办地。城市中的寺庙和城外山上的寺庙，一般皆会举办盂兰会。如天全自初一至十五"朝老君宕、太元山两处，行人络绎不绝"④。除寺庙外，城内的城隍庙、会馆或街市，城外的厉坛

---

①　光绪《广安州志》卷十一《方物志》，风俗。
②　郑性忠、姚玉枢：《鬼城迷信习俗》，载《丰都文史资料选辑》（第六辑），1989，第134—135页。
③　嘉庆《三台县志》卷四《风俗志》。
④　咸丰《天全州志》卷二《风俗志》。

等地也醵金办会，德阳"六省会馆各雇浮屠氏设盂兰盆会"①，天全万寿宫有盂兰会。有些乡村也会办会，如大竹"各村里居人延浮屠为盂兰会，施食赈孤"②。所以，盂兰会的分布相当广。

从清代四川盂兰会分布统计表来看（表1—2），清代四川举办盂兰会的共有57县。重庆府、成都府、潼川府、叙州府和夔州府是盂兰会举办的集中区，重庆府有10县，成都府有7县，潼川府和叙州府各有6县，夔州府有5县，其他府州都在3县及以下。

把表中内容对照到清代四川地图③上看，盂兰会呈现带状、团状和点状分布特点。带状有两条，一是从川北的江油到成都再到峨眉一带；一是从川东大宁、巫山到川南高县、庆符一带。团状主要分布于四个区域，一是重庆府的巴县、长寿、铜梁、璧山、定远、合州、涪州、江北区；二是成都地区的成都、华阳、温江、新繁、金堂、新都、汉州、德阳区；三是川西盆地西南的丹棱、彭山、青神、峨眉、洪雅、井研区；四是川南的宜宾、南溪、庆符、长宁、高县区。这四个团状区中，最为紧密的是成都地区，比较松散的是重庆府区，这主要是由于山地地形造成的。川北的广元，川西的绥靖，川西南的冕宁、盐源，川东南的酉阳等地的盂兰会则呈现出了点状分布的特点。

---

① 同治《德阳县志》卷十八《风俗志》。
② 道光《大竹县志》卷十九《风俗志》。
③ 谭其骧主编《中国历史地图集》（第八册：清时期），中国地图出版社，1987，第39—40页。

表1-2 清代四川盂兰会分布表

府（州、厅）	分布状况	数量
成都府	成都、华阳、温江、新繁、金堂、新都、汉州	7
嘉定府	峨眉、洪雅	2
夔州府	奉节、大宁、云阳、万县、巫山	5
绵州	绵州、德阳	2
龙安府	江油	1
懋功厅	绥靖	1
眉州	丹棱、彭山、青神	3
邛州	大邑	1
宁远府	冕宁、盐源、会理	3
顺庆府	南充、广安	2
绥定府	新宁、大竹	2
潼川府	三台、射洪、盐亭、中江、蓬溪、安岳	6
叙州府	宜宾、南溪、庆符、隆昌、长宁、高县	6
雅州府	天全	1
酉阳州	酉阳	1
忠州	忠州、垫江	2
重庆府	巴县、长寿、綦江、南川、铜梁、璧山、定远、合州、涪州、江北	10
资州	井研	1
保宁府	广元	1

注：本表根据本书"附录：清代四川庙会史料汇编"整理。

三、观音会

观音菩萨是中国人非常熟悉的佛教神祇，自传入中国大地后就开始"中国化"①，最明显的体现是观音菩萨的形象，正统的佛教观音造像与世俗化后的观音形象大相径庭。印度佛教经典中的观音身世虽有多种版本，但性别皆为男性；而中国世俗化的观音却是身着白衣，手持白净瓶和杨柳枝，一副慈祥的女性模样。其神通广大，不但可以救苦救难，还有求必应，人们寄予观音菩萨的送子、保子功能，观音更是因此受到民众的喜爱。所以，民众每遇观音会期则进香朝拜，进而发展成为观音庙会。观音会的正期有三天，分别是二月十九、六月十九和九月十九，相传这三天是观音菩萨的诞辰、成道日和涅槃日。到了清末，观音会期开始有变化。如成都总府街普准堂、青石桥白衣庵、暑袜街白象庵、半边街大悲庵等处观音会以正月十九为会正期，不以二月十九为期。如果放眼民国，观音会期还有三月十九和五月十九两日。观音会的会期天数长短不一，有一天、几天的，有一月不止的。一到会期人声鼎沸，如成都"凡供有观音之寺院，男女杂乱"②，绵州"四乡男女，远近沓至"③，广安"妇女拜佛烧香如蚁"④，德

① 李利安：《观音信仰的中国化》，《山东大学学报（哲学社会科学版）》2006年第4期。
② 傅崇矩编《成都通览》（上册），巴蜀书社，1987，第553页。
③ 同治《直隶绵州志》卷十九《风俗》。
④ 宣统《广安州新志》卷三十四《风俗志》。

阳文星乡观音岩"前来进香求神者达数万人"①，可见信众之广，参与庙会者之多。

（一）观音会的活动内容与空间差异

观音会的活动大体上可以分为三类。第一类是进香礼佛，祈福还愿。"大士生日，民祀以祈福，或祈子"②。"六月十九日为观音大士成道日，县民多至佛寺进香"③。"进香者联络数十里，游人杂沓，喧哗鼎沸"④。山中之观音庙，还可能形成朝山会。如雅安蔡山香会，"六月一日始，都人士女朝山礼佛，登降不绝，越观音诞乃止"⑤。大足宝顶山香会更是兴旺，据统计，观音会期间前来礼佛者有十万之众。由于观音菩萨的亲和形象，特别受到女性的崇拜，如垫江"妇孺好礼大士，入寺拈香，谓之拜会"⑥。此外，有些人为了表示虔诚或是为了赎罪，不惜伤害自己的身体，例如盐源就有人"焚顶穿肘者"⑦。

第二类是商业贸易。成都北回龙寺"每岁二月十九乡人市农器于此"⑧。郫县朝观音会期间，"从西街文昌宫起，经小南街直

---

① 德阳县志编纂委员会编《德阳县志》，四川人民出版社，1994，第876页。
② 光绪《蓬溪县续志》卷一《物宜》。
③ 嘉庆《金堂县志》卷二《疆域志》，风俗。
④ 道光《德阳县新志》卷一《地理志》，风俗。
⑤ 民国《雅安县志》卷四《风俗志》。
⑥ 光绪《垫江县志》卷一《舆地志》，风俗。
⑦ 光绪《盐源县志》卷十一《风俗志》。
⑧ 同治《重修成都县志》卷二《舆地志》，风俗。

至圣像寺，沿途摊棚林立，售珠宝玉器及竹木家具特多"①。洪雅地区观音菩萨生日这天，"远近的善男信女都在这天到瓦屋岗给观音敬香，附近的农民趁机运去农副产品到会出售。高庙柳江及雅安的商贩也云集赶会，商品摆满河坝，赶会的人熙熙攘攘，物资交流非常兴旺，一直相沿至解放前"②。

第三类是游玩娱乐。绵州观音会时"香侣云集，履舄交错，饮食之物、戏玩之具，镇衢溢路。又碧水岩、西山观亦各有戏会，距城密迩，士女如云"③。泸县还有演木偶剧等酬神类活动④。由于庙会期间"易至聚赌藏奸为害"，"恶其为日既久"，以致"督宪常饬禁民间不许演目连戏（此戏每演必一月或兼旬始竣），地方又示禁酬神庙戏不得过三日"⑤。

上述活动中最能体现其空间差异的是"求子"活动。一直以来，人们对观音有"送子"神力深信不疑。所以，古代人们还专门塑造了送子观音神像，让求子心切的人们朝拜。从清代方志资料来看，记载四川观音会中有"求子"活动的地区仅有蓬溪、彭水两地。笔者揣测可能是方志资料少有此类记载，而造成目前来看四川其他观音会少有求子活动。民国资料中显示乐至、潼南、巴中地区的观音会也有求子活动。

从清代方志资料来看，四川地区观音会大多在有观音菩萨的

① 郫县志编纂委员会编《郫县志》，四川人民出版社，1989，第 730 页。
② 洪雅县地方志编纂委员会编《洪雅县志》，电子科技大学出版社，1997，第 894 页。
③ 同治《直隶绵州志》卷十九《风俗》。
④ 民国《泸县志》卷三《礼俗志》。
⑤ 同治《直隶绵州志》卷十九《风俗》。

寺庙举行，皆为进香庙会。到了民国时期，情况发生一些变化，
有几处地方出现"观音出驾"的活动。武胜高石寺、灵影寺有
"舁圣驾往庙"的现象，一路旌旗鼓乐，香烛焚献，男女混杂①。
合川二月中旬抬观音像于东水门外河坝，设坛诵经，烧香还愿者
甚多，"经毕撤坛，搭台演戏，城中妇女无长无少，至河西坝之
左右随喜，至十九日止"②。

（二）　观音会的地理分布

根据清代四川观音会分布表来看（表1—3），举办观音会的
地方似乎不太多，总共只有成都、金堂、德阳、盐源等13个地
区有办会，这可能与实际的分布情况有一定的差距。笔者在搜集
民国及现代方志中关于观音会的记载时，发现民国时期至少有56
个县办会，这还不算未记载的乡镇寺庙举办的观音会。所以，从
庙会的传承性来讲，清代四川观音会分布情况应该与民国分布情
况差距不大，资料的缺记可能是导致上述情况出现的主要因素。

---

① 民国《新修武胜县志》卷六《礼俗志》。
② 民国《新修合川县志》卷三十五《风俗》。

表1-3　清代四川观音会分布表

府（州、厅）	分布状况	数量
成都府	成都、金堂	2
绵州	绵州、德阳	2
懋功厅	绥靖	1
宁远府	盐源	1
顺庆府	广安	1
潼川府	蓬溪	1
叙州府	庆符、长宁	2
酉阳州	彭水、黔江	2
忠州	垫江	1

注：本表根据本书"附录：清代四川庙会史料汇编"整理。

第二章

道教类庙会活动的空间差异与地理分布

　　虽然清代四川佛教大盛，道教日衰①，但并不影响民众举办道教类庙会的热情。仅从其种类上讲，道教类庙会超过了佛教类庙会，这大概与朝廷的敕封推崇，道教吸纳了众多民间神祇有关。下面对东岳会、城隍会等道教类庙会活动的空间差异与空间分布做一番探究。

一、东岳会

　　东岳信仰起源于人们对泰山的崇拜，唐宋时期君王对泰山神大加封号。唐玄宗首封其为"天齐王"，宋真宗又封其为"东岳天齐仁圣大帝"，元世祖再封其为"东岳天齐大生仁皇帝"，明清

---

① 蓝勇：《西南历史文化地理》，西南师范大学出版社，1997，第209页。

时期东岳大帝正式进入祀典，成为官方祭祀系统中的一员，在各
府州县普遍推行。东岳大帝在道教神仙体系之中占有重要位置，
主宰幽冥界，掌管人之赏罚与生死。至晚唐末，东岳信仰已在四
川出现，两宋时期传播开来，明清时期达到鼎盛，东岳庙会随之
兴盛①。

（一）东岳会的活动内容与空间差异

清代四川东岳会一般在农历三月二十八左右办会②。其活动
内容可以分为三类。其一，进香演剧。这一活动主要分布于青
神、大邑、仪陇、资阳等县。青神东岳神寿诞之期，"演戏进香
如土主会"③。大邑"东岳大帝圣诞，城东有庙，亦演传奇申祝，
乡村市镇有庙处所亦然"④。仪陇"以优伶一部演剧数日，香火不
绝"⑤。庙会期间演戏的花费其实很高，资阳办东岳会时"演戏十
日，其乐部必觅于省城，约费三四百金，岁以为常"⑥，这一部分
钱主要来自会首的募集。

其二，异神出巡。清代这一活动主要分布在成都和盐源的盐

① 周郢：《东岳庙在全国的传播与分布》，《泰山学院学报》2008 年第 2 期。
② 成都四月二十八举会，除此之外还有正月办会的地方。同治《大邑县志》
卷十一《寺观》中记载"正月十二日回跸，复演剧四日"。民国《大邑县
志》卷四《学校志》"风俗"条亦记载"初九日，城东岱宗出巡，西关外
里许法演剧三日，十二日回跸，复演剧数日，名曰东岳胜会"。
③ 光绪《青神县志》卷十八《风俗志》。
④ 四川省大邑县地方志编纂委员会办公室编《清乾隆〈大邑县志〉校注》，
巴蜀书社，1998，第 185 页。
⑤ 同治《仪陇县志》卷二《舆地志》，风俗。
⑥ 嘉庆《资阳县志》卷二《风俗志》。

井两地。盐井抬东岳大帝出巡，与当地城隍出巡类似①。成都举办的东岳大帝出巡，可谓盛世空前。《成都通览》记载了其出巡的详细情况：

> 出驾前数日，即经会首遍贴斋戒黄纸告白，并晓喻巡幸街道，打扫洁静。至期则各街高搭五色天花棚，或迎驾之彩台，香花灯烛。二十七日，彻夜达旦。盐道街、南门大街等处，迷信尤甚。出巡之日，两首县之差役、武边之兵丁，多与其事，装出牛鬼蛇神及许愿枷仗各犯状，挂灯于体上者，缧绁者，种种怪象。神轿后随行跟香者，尚数百人，哄动城乡。男女杂沓，妇女虽受人调笑，被人拍摩，亦不怨也，其实看神驾之人甚少，藉以看妇女之人甚多也。圣驾经过，男女家家焚香膜拜。俗语有云：鼓楼南街衣铺之老陕，一年都在打瞌睡，只有四月二十八日是醒的。可见是日游人太多，虽睡者亦不睡矣。②

民国时期广汉三水、向阳两个场镇的东岳会也会抬东岳大帝出巡。有意思的是，民国三十六年（1947）三水镇东岳会众还为当地的东岳大帝娶新妇，东岳出驾时亦抬夫人木像同行③。就目前资料看，清代四川其他地方未见东岳神娶妻活动。

其三，商品交易。其实，在举办庙会的时候，一般都会有或

---

① 光绪《盐源县志》卷十一《风俗志》。
② 傅崇矩编《成都通览》（上册），巴蜀书社，1987，第550页。
③ 四川省广汉市《广汉县志》编纂委员会编《广汉县志》，四川人民出版社，1992，第609页。

多或少的商贩，兜售商品，本书讲的是有记载而且商品交易比较繁盛的情况，下文皆同。清代四川东岳会时，成都和彰明等地区贸易比较兴盛，其他地方暂没有见到相关记载。成都会期当天"男女杂沓""百货鳞萃"①。彰明县东岳会时，还形成专门"鬻农器"的市集②，说明乡村农民参与积极。民国时期，芦山县东岳会期，"赶集甚盛"③。蒲江大塘乡的东岳会庙市更是兴盛，会期雅安、名山、邛崃、洪雅、丹棱、蒲江等县的"川康十八行"来此摆摊设市，百货五金、竹木土产，琳琅满目，颇具特色的商品是农具，其品种多且齐全，赶会的居士、香客、商贩、游人密集，热闹异常④。

此外，民国时期合川东岳会期间，"市人多挈榼提壶，结伴侣至东岳庙，或庙内聚饮，或就庙外草地群饮。拇战猜拳，喧声聒耳，彼此赌胜，不醉无归。男女老幼，至于浃旬"⑤。此种聚会群饮的场景，在其他东岳会少见。

（二）东岳会的地理分布

清代四川东岳会分布于成都、金堂、青神、大邑、盐井、越嶲、冕宁、仪陇、夹江、彰明、资阳等地方。

---

① 傅崇矩编《成都通览》（上册），巴蜀书社，1987，第 73 页。
② 同治《彰明县志》卷十九《风俗》。
③ 民国《芦山县志》卷四《风俗》。
④ 四川省蒲江县志编纂委员会编《蒲江县志》，四川人民出版社，1992，第755 页。
⑤ 民国《新修合川县志》卷三十五《风俗》。

表2-1　清代四川东岳会分布表

府（州、厅）	分布状况	数量
成都府	成都、金堂	2
眉州	青神	1
邛州	大邑	1
宁远府	盐源（盐井）、越巂、冕宁	3
顺庆府	仪陇	1
嘉定府	夹江	1
龙安府	彰明	1
资州	资阳	1

注：本表根据本书"附录：清代四川庙会史料汇编"整理。

二、城隍会

"城隍"原指古代的城墙与壕沟，即有护城河的城池，带有保护城池及城内民众安全的意思。祭祀城隍神开始于南北朝时代。据传当时北齐慕容俨镇守郢城，被南梁军队围困，无奈之下祈愿城隍，城隍神显灵，助北齐军解困。保护城民的灵验故事，促使城隍信仰迅速传播。到唐代城隍信仰较为普遍，宋代列入祀典之列，明代朱元璋对城隍神封爵，并推广全国。清代一般县级及以上的城市都建有城隍庙，新赴任的县官首先就要祭拜城隍。"清制县官上任预示接印日时，届时新官具公服衙署公务人等，排仪仗，引新官先诣城隍庙，陈牲醴致告"①。清代一些没有城垣的乡镇，突破礼制，也开始建城隍庙。如大宁盐场，"场无城垣，亦祀隍神"②。盐源的盐井亦祀城隍③。

在城隍信仰演变的过程中，城隍神也逐渐与已故的地方忠烈、正直爱民的人物结合起来，走向人格化。城隍信仰的普及与传播，与道教纳入神仙体系相关，城隍神逐渐演变为与"阳官"相对应的"阴官"，掌管阴司，统领阴兵阴将，并以善恶定人生死祸福，从而对阳间的人在道德层面和日常行为上起到威慑作用④。

（一）城隍会的活动内容与空间差异

城隍会基本上是各县最盛大的庙会，"城隍诞辰，演戏辄匝月，为邑中神会之最"⑤。会期当天除县城居民外，各乡的人也"醵金结社，入城与会"⑥，"远近辐辏，不下万余人"⑦，可见城隍庙会之盛。汉州城隍会时，官府还派兵镇会以维持秩序⑧。总体来说，城隍会是集娱人娱神于一体的庙会。无论是办会的规

---

① 民国《巴县志》卷五《礼俗》。
② 光绪《大宁县志》卷一《地理志》。
③ 光绪《盐源县志》卷十一《风俗志》。
④ 张轩、刘世天：《从城隍信仰看儒道融通的实践》，《中华文化论坛》2014年第5期。
⑤ 道光《新津县志》卷十五《风俗》。
⑥ 道光《蓬溪县志》卷十五《风俗》。
⑦ 嘉庆《彭山县志》卷三《风俗志》。
⑧ 嘉庆《汉州志》卷十五《风俗志》。

模，还是办会的娱神活动，城隍会在所有庙会中最为热闹。

城隍庙会活动内容主要有城隍出驾、集市贸易、演戏娱乐和献祭大蜡等四个方面。一般的城隍会均包含前三项内容，而献祭大蜡是具有地域性的，能够体现出其空间差异性。

城隍会时各地醵金聘优伶演戏，短则几天，多则几十日，如井研"市镇醵金演戏，至十余日"①。越嶲大树堡办会时，不仅演"一切各戏"，还办社火有高桩，妇女也走出闺房，出来看会，书馆学生这天也不上学，"各乡村老幼男女沿街填塞，习俗沿流，年年如是"②。洪雅"城隍神诞，皆演剧，极为烦嚣"③。资阳办城隍会时，还从省城请来乐部，其演戏赛神长达四十二日，"约费千余金"④，当地民众习以为常。

城隍出驾是庙会中观者最多、最为热闹的活动⑤。崇宁"是日城乡小儿装扮鬼卒百余，随神游街，观者云集"⑥。青神"城隍出游四街诸会从之，前呼后拥，真巨观也"⑦。盐源盐井"城隍会，异神出庙游街，扮演判卒，狰狞丑怪，俱头虎首，举国若狂，较烛会尤盛，男女献花进香者塞途也"⑧，可见热闹之场景。此类记载还有很多，如下两条比较详细地记载了城隍出驾具体仪式过程。

① 乾隆《井研县志》卷六《风俗志》。
② 光绪《越嶲厅全志》卷十《风俗志》。
③ 嘉庆《洪雅县志》卷三《方舆志》，风俗。
④ 嘉庆《资阳县志》卷二《风俗志》。
⑤ 为了方便民众抬行，城隍神和城隍娘娘一般为木质雕像。
⑥ 嘉庆《崇宁县志》卷二《风俗》。
⑦ 光绪《青神县志》卷十八《风俗志》。
⑧ 光绪《盐源县志》卷十一《风俗志》。

先期二日，扮土地、驿丞诸故事出巡，日打扫街道。数日内有雨，谓之洗街雨。神诞前一日出会，扮杂剧，抬游街市，日亭子。扮鬼卒者，多至百余人。又有无常、鸡爪神等类，例皆乡人许愿为之。每至闹市，排列成行，以铁叉交互击刺，口中咸作胡哨声，俗谓必如此能逐祟，殆亦乡人傩之意欤。少顷，盛陈仪仗，奏音乐，会首、庙祝扈从出驾，神坐八人露车，逍遥过市，周行城隅。沿街焚香致敬，观者如堵墙。①

城隍诞辰，前后赛会，男女百十为群，首青巾，腰黄犊鼻，手小凳，插香于上，口诵经似歌似谣，数步一拜，旗伞香亭，钲鼓木鱼聒耳，日烧架香、日烧拜香。先一日优巫扮土地骑马，鬼卒鸣锣，日清扫街道。次日，舁城隍及夫人像出行，通城仪仗，卤簿二十八宿幢幡宝盖之属。绵亘络绎，饰功曹、鬼判、无常、金童玉女、八仙诸故事，房班约总，执香盘、香炉前导，人家设香烛茶果迎拜，焚纸钱爆竹。②

此两则史料，展现了城隍会具体的仪式过程与参与盛况。此外，成都和华阳两县在十月初一城隍出巡活动中，城隍还要到两县署扫监卡，用卡牌提已死之罪犯姓名，并写在牌上。据说此时抬城隍的人，会瞬间觉得轿子变重。就目前的资料来看，"扫监卡"的仪式活动，是成都和华阳两县独有。

城隍神和城隍娘娘的雕像一般为木刻，但一些地方城隍神为

---

① 光绪《大宁县志》卷一《地理志》。
② 光绪《广安州志》卷十一《方物志》。

泥塑，不方便抬行，为此民众还会雕一尊木刻城隍，专门用作出驾时用。泥塑称"坐身"，木雕为"行身"，丰都县即是如此①。城口县也有两尊城隍塑像，一为"坐城隍"，一为"游城隍"②。汶川县的情况又不一样，城隍神和城隍夫人出驾时由活人扮演③。

庙市是城隍会的重要组成部分。新繁城隍会时"百工万货刻期而至"④，金堂"乡镇士女骈集喧闹，市为之哄"⑤，可见城隍庙市的繁荣程度。雅安每遇城隍会时"江干鬻农器三日"⑥，形成了专门的农具市场。崇庆清明节时，长寿寺名义上办城隍会，实为春耕物资交流会⑦。

城隍会时，祭祀大蜡是比较有特色的一项活动，分布于德阳、彭山、南充、铜梁、名山等县。名山祭祀城隍时，"制巨烛约千二、三百斤，以献于神。至迎神日，从神像出游，旋异入庙，燃之可至次年"⑧。德阳也于会期供献大蜡，"灯烛辉煌照彻如白昼，达旦不息"⑨。献祭大蜡其实花费不菲，一般是行业和民

① 郑性忠、姚玉枢：《鬼城迷信习俗》，载《丰都文史资料选辑》（第六辑），1989，第131—133页。
② 四川省城口县县志编纂委员会编《城口县志》，四川人民出版社，1995，第828页。
③ 四川省阿坝藏族羌族自治州汶川县地方志编纂委员会编《汶川县志》，民族出版社，1992，第797页。
④ 同治《新繁县志》卷三《地舆志下》。
⑤ 嘉庆《金堂县志》卷二《疆域志》。
⑥ 光绪《雅安历史》卷四《风俗篇》。
⑦ 四川省崇庆县县志编纂委员会编《崇庆县志》，四川人民出版社，1991，第774页。
⑧ 光绪《名山县志》卷九《风俗》。
⑨ 同治《德阳县志》卷十八《风俗志》。

众摊派或捐赠，一般来说"邑人欣助"①。其实，献祭大蜡不仅体现人们对城隍神虔诚的崇敬，其背后可能还折射出"湖广填四川"后的清代四川经济得到了持续快速的恢复和发展，人们或行会有经济实力来支撑这项活动。换言之，经济发展奠定了庙会市场繁荣的基础。

（二）城隍会的地理分布

在讨论城隍会的空间分布之前，先看一下城隍会期的时空差异。各地办城隍会的时间是有差异的，城隍会期的分布情况如下表2-2。此表统计了52个地区城隍会的会期时间。从表中来看，清代四川城隍会没有在正月、九月与十二月办会的。二月有峨眉、夹江、大宁、大竹、井研等9个地方办会，四月有绵州、德阳、彭山、仪陇、高县、铜梁等6地办会，六月、八月和十一月各有2个地方办会，七月和十月各有1个地方办会。而五月共有23个地方办会，是办会最为集中的月份，占了有效样本的45％左右。是什么因素导致了城隍会期在各月分布不均？又为什么多集中在五月呢？

有学者认为有两点原因，一是由于办会耗资巨大，而且办会时间一般较长，各州县会根据生活和生产节奏来灵活安排。二是清代四川没有专人来充任城隍神，又要错开三巡会②。笔者也基

---

① 嘉庆《资阳县志》卷二《风俗志》。
② 林移刚：《清代四川民间信仰地理研究》，博士学位论文，西南大学，2013，第85页。

本赞同这一观点，但更倾向于第二点。由于清代城隍神没有专人来充任，官方或民众就会选择自己的城隍神，其选择一般是殉国而死的忠烈之士，或是符合儒家标准的正直的历史人物。而他们自己选择的城隍神生辰是不一样的，城隍会大都会以"城隍诞辰"或是"城隍夫人诞辰"为会期。所以，会期月份分布不均的很重要的原因，就是各个地方崇拜的城隍或城隍夫人的诞辰不一样。

表 2-2　清代四川城隍会会期分布表

月份	府（州）城隍会	县城隍会	镇城隍会	数量
二月	成都府	峨眉、夹江、大宁、大竹、井研	大宁盐场、盐源盐井、越嶲中所坝	9
三月	保宁府	双流、青神、蒲江、名山		5
四月	绵州	德阳、彭山、仪陇、高县、铜梁		6
五月	汉州、嘉定府、广安州、天全州	金堂、崇宁、新津、洪雅、荣县、彭明、绥靖、丹棱、冕宁、越嶲、南充、营山、新宁、马边、雅安、资阳、云阳	营山京都、越嶲大树堡	23
六月		蓬溪、筠连		2
七月	成都府			1
八月		崇庆、阆中		2
十月	成都府			1
十一月		新繁、金堂		2
不详		资阳		1
合计	9	38	5	52

注：本表根据本书"附录：清代四川庙会史料汇编"整理。表中"不详"代表文献中没有确切记载城隍会的会期。由于清明节日期不定，但总在农历二月左右，这里为了方便统计清明皆视为二月。一年之内可能同地区有多次城隍会，皆分开计算。对于府县城隍同时出巡者，只计一次且算作府城隍会。正月、九月与十二月没有办会，未列于本表中。

从目前的资料统计来看（表2－3），有45个地方举办城隍会。成都府、顺庆府、宁远府举办城隍会较多，成都府有7地办会，顺庆府和宁远府各有5个地方办会。嘉定府和叙州府也各有四地办会，其他府（州）均在3个及以下。

表2－3　清代四川城隍会分布表

府（州、厅）	分布状况	数量
成都府	成都、双流、新繁、金堂、崇宁、新津、汉州	7
嘉定府	峨眉、洪雅、夹江、荣县	4
夔州府	大宁、云阳	2
龙安府	彰明	1
绵州	绵州、德阳	2
懋功厅	绥靖	1
眉州	丹棱、彭山、青神	3
邛州	蒲江	1
宁远府	冕宁、盐源（盐井）、越嶲、越嶲（中所坝、大树堡）	5
顺庆府	南充、营山、营山（京都）、仪陇、广安	5
绥定府	新宁、大竹	2
潼川府	蓬溪	1
叙州府	庆符、高县、筠连、马边	4
雅州府	雅安、天全、名山	3
重庆府	铜梁	1
资州	资阳、井研	2
保宁府	阆中	1

注：本表根据本书"附录：清代四川庙会史料汇编"整理。

　　将表2－3的内容对照清代四川地图①上看，城隍会分布呈现出一中心区、三次中心和多点分布的态势。北从彰明，南到峨眉，西从天全，东到资阳为中心区，这一区域是以成都平原及其周围山地组成的区域，共有23个地方举办城隍会。三个次中心为宁远府的北部、叙州府的东南部、顺庆府及周围地区。这三个次中心较城隍会分布的中心区来说，数量相对较少，集中程度也不如中心区。其他地区则呈现点状分布，特别是川西高原地区也有举办城隍会的，绥靖的城隍会就是个例子。

　　据不完全统计（见表2－4），德阳、广安、云阳、蓬溪、金堂等地在举办城隍会时，还会有城隍夫人出巡的活动。德阳就专门为城隍夫人小会，"俗传（四月初八）为城隍夫人生辰，故妇女进香尤多。来必以夜，谓夫人之义主乎阴也。灯烛晖光，照彻如昼，达旦不息，阶墀廊庑有遗簪堕珥焉"。官府担心夜晚人群聚集容易出现治安问题，曾禁止晚上进香，只准许白天演戏和致祀②。金堂城隍夫人生诞之日，民众纷纷进庙烧香，诵读经书，并演戏酬神③。云阳"俗传城隍夫人诞辰，是日城内妇女皆靓妆丽服，齐集庙中，醵钱为会，酣饮终日而散"④。可见，城隍夫人庙会为妇女提供了宴饮聚会的契机。郫县、崇庆举办城隍会时，

---

① 谭其骧主编《中国历史地图集》（第八册：清时期），中国地图出版社，1987，第39－40页。
② 道光《德阳县新志》卷一《地理志》。
③ 嘉庆《金堂县志》卷二《疆域志》。
④ 咸丰《云阳县志》卷二《舆地》。

城隍神要陪同城隍夫人回娘家省亲①。西昌城隍夫妇出巡时，有无子求嗣者竞抢彩娃之风俗②。

民国资料显示，温江、郫县、崇庆、洪雅、犍为、荣县、峨边、理县、汶川、眉山、大邑等地均有为城隍神娶妻妾的行为。这一行为，主要是由城隍神具有的人格化特点造成。民众以世俗的想法，转化为神的"需求"，是颇有意思的普遍现象，并延续到了民国。这也是民众把现实当中的官员生活附着在城隍神的身上，以当时的礼制来崇敬他，以期得到更好的庇佑。

表 2—4　清代、民国四川城隍夫人出巡分布表

朝代 ＼ 月份	三月	四月	五月	六月	七月	八月	九月	十月	不详
清		德阳	广安州、云阳	蓬溪				金堂	
民国	温江、郫县、犍为、大邑	隆昌	洪雅、理县、叙永城北、云阳、叙永、荣县、汶川、甘洛		盐边	眉山、崇庆	雅安		峨边大堡镇、峨边沙坪场

说明：本表根据本书"附录：清代四川庙会史料汇编"、民国和现代方志资料整理。"城隍夫人出巡"指城隍会时有"城隍夫人""妻妾"参与其中，或就为城隍夫人会者。

---

① 四川省崇庆县志编纂委员会编《崇庆县志》，四川人民出版社，1991，第774页；四川省郫县志编纂委员会编《郫县志》，四川人民出版社，1989，第730页。
② 付仲光：《西昌的庙会》，载《西昌市文史资料选编》（第四辑），1986，第145页；蒋昭：《我所了解的海棠城隍庙及庙会情况》，载《甘洛县文史资料选辑》（第一辑），1989，第58页。

三、老君会

老君会源于民众对太上老君的崇祀，太上老君信仰又是老子神格化的产物。

老子本是活动于春秋战国时期的思想家、哲学家，著有五千多字的《道德经》。受西汉黄老信仰的影响，老子逐渐被神化为太上老君。东汉张道陵创正一道时，以老子为道教教主，并以《道德经》作为道教的经典，太上老君也就成为主宰三界的神祇。唐代李渊把太上老君作为自己的祖先，由此把老子的神圣化推向高潮，老子不断得到加封。明清时期太上老君信仰民间化，民众对这一道教教主大加崇拜①。后来太上老君还成为五金行业的保护神，并被奉为行业始祖，每逢会期皆办会崇祀。老君会一般以二月十五老子诞辰为会期，有的地方也以三月十五②、六月十六③和九月初九④为会期。

（一）老君会的活动内容与空间差异

成都"青羊宫赛会"是四川地区比较典型的老君会。清代成

---

① 张作舟：《老子、老君信仰的历史考察》，《中华文化论坛》2014 年第 3 期。

② 嘉庆《华阳县志》卷十八《风俗》。

③ 乾隆《屏山县志》卷一《舆地志》。

④ 四川省中江县志编纂委员会编《中江县志》，四川人民出版社，1994，第 701 页。

都与华阳毗邻，两县民众都在青羊宫进香祭祀太上老君。庙会当期此地花市极盛，百货咸集，"农器、蚕器尤多"，人们争相购买①。嘉庆《华阳县志》称"今惟市物，而作乐不闻"②，说明嘉庆时期的青羊宫赛会，商贸功能掩盖了娱乐功能，属于典型的庙市。

川南地区举办的老君会，商贸功能也比较强。由于人们买卖的农器以铁器为主，既而老君会被称为铁匠会。川南的峨边沙坪老君庙和毛坪老君庙在每年三月办会时，方圆百里以内的铁匠、铁器贩运商以及其他小商贩、农民等皆来赶会。"场镇街沿上摆满了货摊，各种日用百货齐全，琳琅满目，尤以铁器品类繁多，从家用菜刀、铲子、火钳到生产用的铁铧、斧头、镰刀、锄头等等应有尽有"。铁器销售兴旺的原因是，清嘉庆年间，外地移民增多，铁器需求增加，峨眉、乐山等地的铁货不断运进，铁匠也随之迁入定居。由于铁匠人数增多，老君会便又称铁匠会③。

与成都青羊宫赛会不同的是，峨边沙坪老君会娱乐功能并未丢失。每年会期，沙坪老君会首人等，一般要从外地请来戏班唱戏助兴，场镇居民也要参演一二十台会戏以示庆祝。此外，会期中还要抬老君神像出游，"当日正午，一尊太上李老君的神像由八人抬着，随后抬着东皇、川主、火神等菩萨的塑像伴游。在道士、信徒的簇拥下，游神开始，顿时锣鼓喧天，鞭炮齐鸣，彩旗招展，游行队伍后面紧跟着居民扮演的会戏。沿街群众站满街道

---

① 同治《重修成都县志》卷二《舆地志》。
② 嘉庆《华阳县志》卷十八《风俗》。
③ 峨边彝族自治县志编纂委员会编《峨边彝族自治县志》，四川辞书出版社，1994，第606页。

两旁观看，游行队伍穿街过巷，在人流中缓缓前进，热闹异常"①。这是峨边老君出游的仪式活动，其他老君会未见此活动，可能是此地独有，体现出庙会活动的地域差异。

成都青羊宫老君会"坐守一夜"的坐香活动亦体现了其活动的空间特性，其他老君会没有见到类似的活动。坐香活动可能是到了晚清才兴起的，因为同治《重修成都县志》与嘉庆《华阳县志》都没有记载守夜坐香的活动，到宣统时期的《成都通览》才记载有此类活动。青羊宫"唐之古庙也，省城南门外西南隅五里。二月开会，游人众多。二十五日，俗传为老君生日，四乡妇女于十四日夜到大殿上，男女杂沓，坐守一夜，名曰坐香"②。其实，参与"坐香"的香客可能并不关注进香的对象，只是为了参与到庙会之中。坐香的人们"十五日络绎不绝。李老君本道教，乃愚民念佛朝之，可发一笑"③，可见这些香客另有他图，后来警察总局禁止了坐香活动。

雷波、屏山等地在举办老君会时，还有进献大烛的活动。雷波县城东有老君洞。每年二月办会时，信众会将绘有彩色龙凤图案的两米大烛插在特制木架上，浩浩荡荡地抬向老君洞。除本地信众送大烛外，云南永善一些庙宇和佛教团体也有向雷波老君洞送大烛者，会期甚为热闹④。屏山县老君会属于朝山庙会，因老

① 峨边彝族自治县志编纂委员会编《峨边彝族自治县志》，四川辞书出版社，1994，第606页。
② 傅崇矩编《成都通览》（上册），巴蜀书社，1987，第548—549页。
③ 傅崇矩编《成都通览》（上册），巴蜀书社，1987，第548—549页。
④ 四川省《雷波县志》编纂委员会编《雷波县志》，四川民族出版社，1997，第803页。

君庙在老君山上，平时荒无人迹，"惟六月初大众持械鸣锣而上，共开殿门，虎豹辟易，进香者江左右远近络绎，以赴六月十六为老君诞日。喧闹非常，至二十日众仍关锁庙门而下，从此又绝人迹"①。庙会期间，进香团体会进献大烛。大烛一般是由每一镇或一村集成一会，又或一家出一愿，或两家出一愿，每愿清油一斤，佐以黄蜡聚油千百斤，融成巨烛一枝。"烛上四蟠蜡龙，制颇精巧，可观心。用大木底托圆板，数十人抬之。锣鼓为导拜香者，每愿一人，群而随之，直上山巅，点烛合拜数百里。"② 时人郑光祖发出"其会不知凡几也"的感慨，说明屏山老君会规模较大，仪式相当隆重。

（二） 老君会的地理分布

清代四川举办老君会的地方分布于成都、华阳、屏山等地区。民国资料显示，新繁、新津、洪雅、峨边、中江、蓬溪、筠连、苍溪、雷波等县也曾举办老君会。

四、文昌会

文昌会的兴盛与文昌信仰广泛传播密切相关，文昌信仰的广布，又是梓潼神和文昌崇拜合流的结果。据研究，梓潼神最初为梓树崇拜，后传说梓树神幻化成大蛇，救蜀民免于战祸，从而转

---

① 郑光祖：《醒世一斑录》杂述二，道光《舟车所至》丛书本。
② 郑光祖：《醒世一斑录》杂述二，道光《舟车所至》丛书本。

为蛇神。古人视蛇为"亚子"，梓潼庙也被称为亚子庙。蛇入水后可变蛟龙，人们转而把梓潼神变为龙神，又讹传为掌管雷雨之神。晋代时，人们将张亚子为报母仇徙居剑州的孝道故事附会到梓潼神上，梓潼神开始人格化。后秦王姚苌曾三拜梓潼七曲山张亚子的故事被广泛传播，梓潼神在官方引导下，开始从地方神转为全国神。

文昌信仰还源于古人对文昌星的崇拜。文昌本是星宫名，含六颗星，古代占卜之士将文昌六星附会神力，主管人间功名利禄。后来为满足人们需要，文昌星神演变为专管仕禄和功名的神灵。宋代，随着科举制度的成熟、完善，人们求取功名之心迫切，很多文人编造出梓潼神助学的显灵故事，梓潼神也就具备了掌管禄籍的职能。这与文昌星神的职能基本一致，两个逐渐合流，并在全国普及开来①。文昌信仰之所以能够普及，一是文昌神曾得到国家力量的推动，如唐宋皇帝曾多次敕封，清嘉庆时期进入官方祀典等；一是道教对文昌信仰的吸纳和改造升级，大约在南宋，道教将其纳入神仙体系之中，编制了大量的经书，并将其封诰为梓潼帝君。

相传农历二月初三是文昌神的诞辰，文人都集会于各地的文昌宫祭祀，后来发展成为文昌会或梓潼庙会。文昌会的会期大都集中在农历二月初三这天。而屏山县一年举行两次文昌会，一次是二月初三，一次是八月初二。八月这次庙会，是因八月初二为文昌成仙日而兴起。

---

① 高梧：《文昌信仰习俗研究》，巴蜀书社，2008，第3—22页。

（一）文昌会的活动内容与空间差异

文昌会活动归纳起来大概有六项。

一是进香祈愿。二月初三文昌会期时，官员、绅士等人"具猪、羊、鸡、酒、香楮致祭，以帝君权衡禄嗣故祈"，特别是"男决科者，多致敬焉"①。酉阳州城"文昌帝君诞辰，州县官遵制祭祀外，绅士亦有私祭"②。江油"城内各官致祭，绅士颁胙"③。青神文昌夫子寿诞之时，"绅士必于庙中庆祝，亦有演戏进香者"④。可以发现，绅士对文昌的祭祀庆祝相当热衷，酉阳的绅士甚至会私自祭祀，这与文昌神保文运、佑科考的功能密不可分，都希望自己在文昌神的保佑下仕途或功名上更上一层楼。

二是宴会饮福。文人认为喝了文昌祭酒后，文运畅通，能登科及第。眉州"祀梓潼神君，各村塾宴会"⑤。丰都"人士集文昌宫作会，赛神饮福"⑥。彭山"文昌帝君诞辰，庠士庆祝，师儒、官吏相聚饮福"⑦。新宁"祀文昌帝君，各私塾亦宴饮"⑧。

三是酬神演戏。文昌会期间，华阳城乡文昌祠均会演戏祀

---

① 嘉庆《温江县志》卷十四《风俗》。
② 同治《增修酉阳直隶州总志》卷十九《风俗志》。
③ 道光《续纂江油县志》卷三《风俗志》。
④ 光绪《青神县志》卷十八《风俗志》。
⑤ 嘉庆《眉州属志》卷九《风土志》。
⑥ 光绪《丰都县志》卷一《舆地志》，风俗。
⑦ 嘉庆《彭山县志》卷三《风俗志》。
⑧ 同治《新宁县志》卷三《风俗志》。

神，洪雅、大邑、邛州等地方的士子，亦会演戏庆祝①。珙县"设笙乐、杂剧，作文昌会"②。盐井办会时还谈演《大洞仙经》，"盖越巂有紫府飞霞，故俗尤恭敬"。由于盐井位于川、滇、藏三省区交界处，是云南入藏的门户，"其声乐则沿滇俗焉"③。

从搜集到的史料来看，文昌会在乡村办会的也较为广泛，亦有祭祀、演戏等酬神等活动。江油"祭文昌帝君，乡村有演戏者"④。大竹"祀文昌帝君，舞彩设筵，士民齐集咸乐，各村市亦如之"⑤。此外也有不演戏的地方，如金堂文昌会，因皆为新进生员为会首，他们认为演戏"恐渎神"，因此"相戒勿演戏"，仅入庙行礼而已⑥。

以上三种文昌会活动，较为普遍，而以下三点既体现其活动的特色，亦呈现其空间特性。

一是文昌会中的"祈子嗣"活动。从目前搜集到的资料来看，祈子活动在盐亭县流行。乾隆《盐亭县志》记载："都人士女，集赐紫山，作会赛神，并祈子嗣。有打儿崖悦果戏，掷中者为得子。男女杂沓，越宵方散，近似桑中之俗，不能禁也。"⑦ 二月初三这天，盐亭人们会集于盐亭的赐紫山朝拜文昌。赐紫山刚

---

① 嘉庆《邛州直隶州志》卷六《方舆志》，风俗。
② 光绪《珙县志》卷五《风俗志》。
③ 光绪《盐源县志》卷十一《风俗志》。
④ 道光《续纂江油县志》卷三《风俗志》。
⑤ 道光《大竹县志》卷十九《风俗志》。
⑥ 民国《金堂县续志》卷一《疆域志》，礼俗。
⑦ 乾隆《盐亭县志》卷一《土地部》，时序。

好和赐子谐音①，所以人们才会在这天祈祷文昌帝君送子，并会在打儿崖做锐果戏，掷中人就会被认为是得到了文昌帝君的赐子。文昌帝君本没有送子功能，是当地人为了满足社会需求而附会。

二是文昌会中的集市贸易活动。办文昌会时，人们还会进行商业贸易。清代四川方志资料显示，只有彰明县城、大堰场和青莲场在举办文昌会时，有"鬻四民器物"②的商贸活动。民国时期在举行文昌会时，绵阳、珙县、安县、梓潼等地的文昌会贸易繁荣，其他地方少有相关记载。安县文昌会期"四方商贾毕至，城乡男女赛会，至有交夜分乃散"③。珙县文昌会期间，乡民买卖锄犁、撮箕，远近商贩设摊收货，为每年初春一次自发性的物资交流会④。梓潼文昌庙市更是繁荣，庙会期间梓潼商帮及绵州、汉州、剑州、潼川、顺庆、保宁乃至陕帮都在城内摆摊设点。据说一季庙会商品交易税胜过一年的农商税收。旅店无法容纳，与会者多在茶馆酒店、街沿屋脚、庙前庙后坐待明天。有"一季庙会，富了千家""一季庙会，万人兴奋"之说⑤。

三是文昌会的巡游活动。梓潼、江油、彰明（县城、大堰场、青莲场）、剑阁（碗泉、元山、白龙、武连等场）、珙县（洛

---

① 冯静武：《二月初三祀文昌：文昌帝君信仰与民俗》，《中国道教》2014年第1期。
② 同治《彰明县志》卷十九《风俗》。
③ 民国《安县续志》，载丁世良、赵放《中国地方志民俗资料汇编·西南卷》（上），北京图书馆出版社，1991，第127页。
④ 四川省珙县志编纂委员会编《珙县志》，四川人民出版社，1995，第830页。
⑤ 四川省梓潼县地方志编纂委员会编《梓潼县志》，方志出版社，1999，第959—960页。

表）等地有出巡活动，比较典型的是梓潼县文昌出巡。二月初三梓潼县内、县外的举人、秀才结队前导，用八人大轿抬着文昌神像，在细吹细打的音乐声中，巡视庙宇周围，俗呼"举子祭游"。

此外，梓潼正月还有迎文昌神的活动。据《新建文昌阁记》载，道光十八年（1838）梓潼知县周树堂重建县城文昌阁后，与绅士商议，每年正月十二恭请七曲山灵应宫的文昌帝君迎入城内，"下巡城厢，内外都人士皆宝鸦金貌，恭爇沉檀，毕集于斯，以迓天麻，而除氛祲"①。《梓潼县志》详细记载了接神的具体盛况。迎神会从当天凌晨开始准备，早上七点左右由一名士绅骑马直奔七曲山，请文昌帝君起驾，后又飞马下山报告帝君到达时间，名曰"跑报马"。九点左右，知县率领官员、士绅等人，同抬出的城隍神到北门外接官厅恭迎文昌帝君。当文昌、圣父、圣母到达时，信众跪地相迎。然后将文昌等神转移到"五岳朝天"的黄呢大轿内，整队入城，巡行全城四大街。巡完后入住县城文昌宫，开锣唱川剧，直到正月十八，始送文昌等神回七曲山大庙②。

文昌神除了管仕禄和功名，民间还赋予文昌神驱瘟除魔的功能，因此春节期间很多地方抬文昌扫荡驱瘟。如梓潼春节期间，全县三百余座文昌木雕，加之附近剑州、江油、绵州、盐亭、三台、平武、昭化等县共一千余文昌木雕出动，到各自"辖区""扫荡邪恶"。

---

① 咸丰《重修梓潼县志》卷四《艺文》。
② 四川省梓潼县地方志编纂委员会编《梓潼县志》，方志出版社，1999，第957—958页。

（二）文昌会的地理分布

一般说来，有祭奉文昌的地方，都会有文昌会，城乡没有多大差别。如嘉庆《南充县志》记载"城市乡村凡建有文昌宫者，无不演戏迎神，以祈福庇"[1]。同治《南溪县志》也说"县、镇、村塾各醵金宴会"[2]。囿于史料的限制，目前难以摸清各地乡村办会的分布情况，只能观察到现有史料记载的文昌会的分布情况。从表2—5来看，清代四川至少有40个地方举办文昌会。其中成都府、叙州府占5地，重庆府有4地，眉州、邛州和顺庆府各有3地，绵州1地。

将表2—5的内容对照到清代四川地图[3]上看，其呈现两个特点。其一，文昌会密集分布于成都平原及平原南部地区。主要有金堂、温江、华阳、新津、大邑、邛州、蒲江、彭山、眉州、青神、井研等县。其二，川东、川东北、川南的文昌会呈现相对分散的点状分布。

有学者认为川南地区文昌会分布较少与川南地区文昌祠密集的情况不对等，并认为"这种以娱人为主题的文昌崇祀活动并不盛行"[4]。笔者观之，川南地区举办文昌赛会的其实还有很多，只

---

① 嘉庆《南充县志》卷一《舆地志》。
② 同治《南溪县志》卷三《风俗志》。
③ 谭其骧主编《中国历史地图集》（第八册：清时期），中国地图出版社，1987年，第39—40页。
④ 林移刚：《清代四川民间信仰地理研究》，博士学位论文，西南大学，2013，第27页。

是资料没有明确记载其举办地，例如同治《南溪县志》记载"县、镇、村塾各醵金宴会"①，镇村一级举办的文昌会可能还有很多，只是我们在统计的时候仅仅是把南溪县当作一处计算，并没有考虑到资料缺失的情况。如果我们放眼民国就有更多的资料支撑，如筠连"城区有文昌宫，乡区有文昌庙。凡文人学士这天都要到庙集会，祈求文昌夫子保佑文运亨通，青云直上"②。因此，并不能简单地说，川南地区文昌会与川南地区文昌祠的分布情况不对等。

关于川南地区"以娱人为主题的文昌崇祀活动并不盛行"的观点，可能也需要重新考量。人们在会前还是做了充分准备的，参与的热情也比较高涨。如珙县文昌会前地方人士充分准备，到期举行盛大的游行，附近各族人民、男女老少，填街塞巷，热闹非凡，入夜燃放五彩缤纷的烟花伞，放孔明灯、龙灯、狮灯、车灯一齐出动，通宵达旦，人流潮涌，盛况超过元宵佳节③。兴文也有"赛文昌"的活动④。从这些史料来看，川南地区人们办文昌会热情较高，活动内容也丰富多样，既有娱神也有娱人的活动。

---

① 同治《南溪县志》卷三《风俗志》。
② 筠连县县志编纂委员会编《筠连县志》，四川科学技术出版社，1998，第744页。
③ 四川省珙县志编纂委员会编《珙县志》，四川人民出版社，1995年，第830页。
④ 民国《兴文县志》卷二十二《礼制》，风俗。

表2-5　清代四川文昌会分布表

府（州、厅）	分布状况	数量
成都府	华阳、温江、金堂、新津、新都	5
绵州	梓潼	1
嘉定府	洪雅	1
夔州府	万县	1
龙安府	江油、彰明	2
眉州	眉州、彭山、青神	3
邛州	邛州、大邑、蒲江	3
宁远府	盐源（盐井）	1
顺庆府	南充、营山、广安	3
绥定府	新宁、大竹	2
太平厅	太平县	1
潼川府	盐亭	1
泸州	纳溪、江安	2
叙州府	南溪、庆符、珙县、屏山、马边	5
雅州府	天全	1
酉阳州	酉阳	1
忠州	丰都、梁山	2
重庆府	江津、綦江、铜梁、涪州	4
资州	井研	1

注：本表根据本书"附录：清代四川庙会史料汇编"整理。

其实，关于古代科举文化类的庙会，还有农历七月初七举行的魁（奎）星会、八月二十七举办的孔圣会，留在第三章中探究。

五、关帝会

关羽本为三国蜀汉名将，生前忠勇，死后成神。后来形成全国性的关羽信仰。据学者考证，隋唐时期关羽信仰尚处于起步阶段，主要流行于关羽殉难的荆州地区，属于区域性崇拜。宋元时期，关羽信仰逐渐走向全国，成为全国性的大神。关羽由人到神的转变，主要是由于关羽忠勇故事的传播、荆州民间祭祀、佛教对关羽玉泉显灵的利用[1]。关羽信仰的普及，主要是由于道士阶层的积极推动，以及儒教原理主义的中央祭祀政策和皇帝、官僚、文人等阶层的提倡和参与[2]。

关羽信仰的演变，显然是儒释道三家合力推动的结果。佛教早在隋唐时期就称关羽为"护法伽蓝"，道教和一些皇帝也加封关羽为"伏魔大帝""荡魔真君""三界伏魔大帝神威远镇大尊关圣帝君"。儒家也把关羽说成是集"忠义、仁勇、礼智、诚信"于一身的儒家圣人。正如一副楹联所说"儒称圣，释称佛，道称天尊，三教尽皈依，式詹庙貌长新，无人不肃然起敬。汉封侯，宋封王，明封大帝，历朝加尊号，刺是神功卓著，真可谓荡乎难名"[3]。清代，关羽的封号已变为"忠义神武灵佑仁勇威显护国保民精诚绥靖翊赞宣德关圣大帝"，共二十六字，可见地位之高。

---

① 蔡东洲、文廷海：《关羽崇拜研究》，巴蜀书社，2001，第66页。
② 朱海滨：《祭祀政策与民间信仰变迁——近世浙江民间信仰研究》，复旦大学出版社，2008，第18—60页。
③ 朱正明：《从"汉寿亭侯"到"关圣帝君"》，《东方收藏》2012年第11期。

关羽还被尊为"武圣"，与"文圣"孔子地位对等。

由于关羽神在军事护佑、祛病化灾、科举功名和生财纳福等方面均有显灵故事，民间也就大肆宣崇关羽，每到五月十三，各地敬香酬神，兴办庙会。为了方便统计，我们把因崇拜关公而兴起的庙会，如关圣会、磨刀会、单刀会、大刀会等，统称为关帝会。

（一）关帝会活动内容与空间差异

民间一般认为五月十三为关圣诞辰，因此多在这天举行庙会。但金堂、青神等地民众认为九月十三才是"关帝寿诞"，要"为神上寿"，所以在这天办会①。

因五月十三是"关帝磨刀之辰"②，农夫多在此日望雨。民间认为五月十三这天下雨是关公显灵，其实四川地区在五月已经进入雨季，恰好关帝会期间一些地方会下雨，从而附会成民俗文化。记载会期下雨的地方有：万县"其日多雨"③；德阳"传关圣当年于是日过江会鲁子敬宴，故磨刀会前数日必有雨；以为

① 青神在五月十三举行大刀会，金堂在五月十三举行关帝会，只是认为关帝寿诞是九月十三。参见光绪《青神县志》卷十八《风俗志》；嘉庆《金堂县志》卷二《疆域志》。据蔡东洲考证，五月十三、九月十三祭祀关羽，最早可以追溯到金代，当时在这两天都会举行隆重祀典，后来沿袭而已。他认为此两祭日，可能与关羽生平并不相关。参见蔡东洲：《"关羽现象"五考》，《四川师范学院学报（哲学社会科学版）》1995年第1期。
② 光绪《铜梁县志》卷一《地理志》，风俗。
③ 同治《增修万县志》卷十二《地理志》，风俗。

验"①；西阳"是日大雨江涨，俗亦谓之涨磨刀水"②；汉州"是日必有雨，人谓之磨刀雨"③；青神县乡民是日聚集举行祈雨还愿仪式，谓之祈望磨刀水④。

除了望雨，人们还要到关帝祠庙设宴祭祀饮福。盐亭、丰都、涪州、南充、垫江等地有此类活动。盐亭、丰都是日集关帝祠庙"祭赛散福"⑤，青神关帝寿诞之日"于庙中宴而散"⑥。垫江"醵金置酒，集关帝祠祭神饮福"⑦。南充"相传武圣关夫子是日过江饮宴"，人们也置酒饮福⑧。光绪《垫江县志》记载"此风街市较多"⑨，说明这类活动多在城市、街市开展。

演戏酬神是人们比较喜欢的庙会活动。关帝会时必演《桃园会》。一些地方（如蒲江）禁演关羽《走麦城》一戏。开展演戏活动的地方有：温江"俗传关帝单刀赴会之期，民间演戏庆贺"⑩；井研"市镇好事者，或令梨园演水淹七军故事，傍江边搭戏棚，看周将军水中擒将庞德、于禁为欢谑"⑪；峨眉"庆祝关

---

① 同治《德阳县志》卷十八《风俗志》。
② 同治《增修酉阳直隶州总志》卷十九《风俗志》。
③ 嘉庆《汉州志》卷十五《风俗志》。
④ 四川省青神县县志编纂委员会编《青神县志》，成都科技大学出版社，1994，第598页。
⑤ 乾隆《盐亭县志》卷一《土地部》；光绪《丰都县志》卷一《舆地志》。
⑥ 光绪《青神县志》卷十八《风俗志》。
⑦ 光绪《垫江县志》卷一《舆地志》。
⑧ 嘉庆《南充县志》卷一《舆地志》。
⑨ 光绪《垫江县志》卷一《舆地志》。
⑩ 嘉庆《温江县志》卷十四《风俗》。
⑪ 乾隆《井研县志》卷六《风俗志》。

圣，演戏数日"①；蒲江"在城及乡镇俱演戏庆祝关圣帝君"②；新津"城乡、乡场多演戏庆祝"③；德阳"各场镇及城中有庙像处皆椎牛刲羊，演戏炮豕祀之"④；广安磨刀会时也"设席演剧"⑤；青神五月大刀会有"募化银钱演戏敬神者"，九月亦要"祀神演戏"⑥；江油"关帝由来已久，市镇好事者彼此醵金，或令梨园演戏，或造龙舟竞渡，连朝欢会，民气和乐不倦，商贾亦习而相忘"⑦。关帝会举行"龙舟竞渡"活动，可能是江油特有。

除了演戏，双流五月十三还会开展"迎神赛乐"的活动⑧。蒲江会期当日亦抬关帝出驾，场面相当热闹。《蒲江县志》记载，关帝头像由一整块珍贵的沉香木雕成，栩栩如生，出驾时人如潮涌，壅街塞巷，其仪式及盛况可与县城城隍出驾媲美。队伍之后，为数台折子戏组成之"平台会"，接后为"阴差会"，数人扮成判官小鬼，面目狰狞，形体怪异，最后是"耍老龙"。龙头大如圆桌，龙身长数十丈，从关帝庙起牵过半条正街⑨。

关帝会时彰明、城口等地区商品贸易也极为兴盛。彰明兴隆场"鬻农器、骡马，会事极繁"⑩。峨边"塔水场，四方货马者皆

---

① 嘉庆《峨眉县志》卷一《方舆志》。
② 光绪《蒲江县志》卷一《地理志》。
③ 道光《新津县志》卷十五《风俗》。
④ 同治《德阳县志》卷十八《风俗志》。
⑤ 光绪《广安州志》卷十一《方物志》。
⑥ 光绪《青神县志》卷十八《风俗志》。
⑦ 道光《续纂江油县志》卷三《风俗志》。
⑧ 光绪《双流县志》卷一《寺观》。
⑨ 四川省蒲江县志编纂委员会编《蒲江县志》，四川人民出版社，1992，第755页。
⑩ 同治《彰明县志》卷十九《风俗》。

集于此，以数百匹计"①。城口"原无市场，因嘉庆、道光年间立
了关庙，乡人祭拜，日久成街。县人每逢农历五月十三各赴该地
关庙行祭典，称单刀会"，会期也有物资交流活动②。这种"因庙
成街"的现象，说明庙会与城市街道、市场有重要关联。

（二）　关帝会的地理分布

从表 2—6 来看，清代四川至少有 37 个地方举行关帝会。成
都府占比较大，共有 7 县办会，约占 20%。眉州有 4 县办会，忠
州和顺庆府各有 3 县办会。值得一提的是，金堂和青神两县每年
五月十三和九月十三均会办会。

从地理分布来看，德阳至峨眉一线，是关帝会分布最为密集
的地区，共有 16 地举办。其他关帝会散布于川东、川北、川西
地区。继续探究可以发现川南地区和川西雅州府基本没有关帝
会，这是什么原因造成的呢？是不是雅州府、宁远府和叙州府等
地没有关帝信仰抑或是信仰不盛呢？我们通过对比林移刚绘制的
"清代四川关帝祠庙分布图"③，发现这些地区是存在关帝信仰的，
而且较为集中分布于叙永厅西北部、叙州府的东北部、泸州的中
部、雅州府的东部、宁远府的南部地区，仅叙永厅两个县就记录了

---

① 民国《安县续志》，载丁世良、赵放《中国地方志民俗资料汇编·西南
卷》（上），北京图书馆出版社，1991，第 127 页。
② 四川省城口县志编纂委员会编《城口县志》，四川人民出版社，1995，第
828 页。
③ 林移刚：《清代四川民间信仰地理研究》，博士学位论文，西南大学，第
137 页。

表2-6　清代四川关帝会分布表

府（州、厅）	分布状况	数量
成都府	成都、双流、温江、灌县、新都、新津、金堂	7
潼川府	盐亭、蓬溪	2
绵州	德阳	1
忠州	丰都、垫江、梁山	3
夔州	万县	1
重庆府	涪州、铜梁	2
资州	井研	1
嘉定府	峨眉、洪雅	2
邛州	邛州、蒲江	2
龙安府	江油、彰明	2
懋功厅	绥靖	1
顺庆府	南充、营山、广安	3
眉州	眉州、彭山、青神、丹棱	4
绥定府	大竹、新宁	2
酉阳州	彭水、酉阳	2
太平厅	城口营	1
雅州府	巴塘司	1

注：本表根据本书"附录：清代四川庙会史料汇编"整理。

14座关羽祠庙。显然，这些地区还是有关帝信仰的。那怎么来解释这些庙会的记载空白区域呢？笔者进而收集了这些地区民国时期的资料，发现民国时期这些地区是有关帝会的，如古蔺县、合江、筠连等地①，甚至川西高原的巴塘地区绿营兵也要举办关帝

① 参见民国《续修筠连县志》卷七《人文志》；古蔺县志编纂委员会编《古蔺县志》，四川科学技术出版社，1993，第649页；合江县志编纂委员会编《合江县志》，四川科学技术出版社，1993，第751页。

会，他们"大办宴席，唱几天川戏，以祭祀关羽"①，川北的广元、巴州、南江、平昌也有办关帝会②。与清代记载不同的是，民国资料显示关帝会更多的是哥老会、青帮、红帮在操办，帮会性质相当浓。哥老会是日到关庙聚会，并公布袍哥升迁、委派，为新进者举行仪式和惩罚违反戒规者。虽然笔者并不能判断以上这些关帝会在清代是否存在，但可以推测清代方志对关帝会的记载有很大一部分缺漏，特别是一些市镇村野的庙会少有著录，如清代巴塘的关帝会。当然这也存在川南、雅州府等地区对关帝会并不热衷的可能性。资料显示，川南区更热衷举办川主、城隍、文昌等庙会。

六、上九会

上九会亦称玉皇会、天灯会，俗传正月初九为玉皇大帝诞辰，民众于道观祠庙举行庙会。上九会的兴盛，与民间玉皇大帝信仰密切相关。在早期的道教神仙体系中，玉皇（或玉帝）的地位并不高，远在道教主神元始天尊之下。宋代，宋真宗、宋徽宗等皇帝为玉皇大帝封号并祭祀，借此演变为万神之主。尽管在道教神仙体系中，玉皇大帝依旧在三清（玉清元始天尊、上清灵宝

---

① 四川省巴塘县志编纂委员会编《巴塘县志》，四川民族出版社，1993，第458页。
② 参见广元市地方志编纂委员会编《广元县志》，四川辞书出版社，1994，第831页；四川省巴中县志编纂委员会编《巴中县志》，巴蜀书社，1994，第911页；四川省平昌县地方志编纂委员会编《平昌县志》，四川科学技术出版社，1990，第665页；南江县志编委会编《南江县志》，成都出版社，1992，第759页。

天尊、太清道德天尊）之下，但在民间社会，玉皇大帝已经是与地上皇帝对应的天上皇帝，总管万神①。

上九会的会期正好在正月，新春岁始，人们有空闲时间和精力办会、参会。新津观音寺办会这天"香者人海人山，四方云集，有来自数百里外者，香烟缥缈，烛焰熏蒸，至日暮不已"②，德阳"进香人骈肩接踵，于于而来"③，广安"士女毂击肩摩，殿上烛泪盈尺"④，太平"北山观游人如云"⑤，可见参与人之多。射洪这天城中妇女多以香烛往各庙礼拜，"游人竞携榼酒登金华山聚饮"⑥。达县这天城中士女登翠屏山礼拜玉皇大帝，摩肩接踵，携酒饮于山头，至黄昏才开始散去⑦。此外，人们还认为上九日含有"长久"之意，"士女皆各寻职业以为岁始，取其可以长久也"⑧。

（一）上九会活动内容与空间差异

上九庙会的特色是竖灯杆活动。一般是在本地区的名山上竖起灯杆，夜晚有火树银花之感，以酬谢玉皇大帝的庇佑。双流正

---

① 梅莉：《玉皇崇拜论》，《湖北大学学报（哲学社会科学版）》2011年第5期。
② 道光《新津县志》卷十五《风俗》。
③ 同治《德阳县志》卷十八《风俗志》。
④ 光绪《广安州志》卷十一《方物志》。
⑤ 光绪《太平县志》卷二《舆地志》。
⑥ 光绪《射洪县志》卷四《舆地志》。
⑦ 民国《达县志》卷九《礼俗门》。
⑧ 嘉庆《金堂县志》卷二《疆域志》。

月初九竖"百果灯",观者如潮。时人刘浣发出"都道玉皇今寿
诞,不知何处是爷娘"的感慨①。广安民众初九登紫金山,"山顶
竖长竿,燃七星灯十,数里皆见"②。綦江正月初九"俗传此日为
玉皇诞节,竖火树,俗谓灯竿。各三十三盏,夜燃之,红照一
县,以谢天神"③。德阳孝泉镇与绵竹孝德乡、齐福乡跨越县界,
合办上九灯会。会期中有点四十盏玉皇灯的活动④。灌县上九会
期间还有专门的灯竿会组织游灯活动,首先从城内伏龙观开始出
灯,有龙灯、狮灯、牛灯、幺妹灯等⑤。合江亦有游灯活动,"正
月初八出龙灯游街,家家焚香秉烛,虔诚礼拜,观者万人空
巷"⑥。

　　除了竖灯杆外,演戏也是重要的酬神方式。德阳西姜孝子祠
举行上九会的前数日,就已经在"祠外立高台,雇乐工之驰名者
演戏","百戏杂呈"。同日,德阳城中东岳庙、真武宫亦有此会,
"然惟以演戏相胜,远不如孝子祠之繁盛也"⑦。广安紫金山"寺
外石台演剧,数日方止"⑧。广汉县城北玉皇观请戏班演戏,每天

① 刘浣:《蜀中新年竹枝词》,转引自四川省地方志编纂委员会编《四川省志·民俗志》,四川人民出版社,2000,第403页。
② 光绪《广安州志》卷十一《方物志》。
③ 道光《綦江县志》卷九《风俗》。
④ 四川绵竹县志编纂委员会编《绵竹县志》,四川科学技术出版社,1992,第757—758页。
⑤ 四川省灌县志编纂委员会编《灌县志》,四川人民出版社,1991,第737页。
⑥ 合江县志编纂委员会编《合江县志》,四川科学技术出版社,1993,第750页。
⑦ 同治《德阳县志》卷十八《风俗志》。
⑧ 光绪《广安州志》卷十一《方物志》。

吸引上千人观看①。

　　盐源、丰都、西昌等地上九会期间还有进献大蜡活动。盐源正月初九除了点天灯，民众还向玉皇阁进献大蜡。大蜡由几十斤清油浇铸，名曰九品龙凤大蜡，高约一米，粗若碗口，工艺极精美②。正月初八西昌民众也有此活动，"由城迎大华烛，登玉皇阁"③。所浇大蜡亦重数十斤，"城乡善男信女拈香拜佛上山，络绎不绝，边走边赞佛唱和，又有问休咎，求签决疑，或诵经祈福。还愿酬神者，热闹非常"④。丰都平都山玉皇殿，"远人岁致巨蜡可燃一年，银缸犹灿灿也"⑤。

　　既然上九会时会聚集很多人，那么商业活动必然兴盛。灌县、德阳等地办会时，买卖比较兴旺。灌县"游伏龙观者甚众，河西之马祖寺买卖货物者尤多"⑥。德阳在正月初九前，"场列百肆，隔岁各标其地不相侵乱"，到了正月初九时，"四方云集，有远自数百里外者，货如山积"⑦。涪州聚云山下，船来人往，上山沿途，买卖十分兴隆⑧。金堂上九会期间，不仅可以买到生活用

---

① 四川省广汉市《广汉县志》编纂委员会编《广汉县志》，四川人民出版社，1992，第 609 页。

② 光绪《盐源县志》卷十一《风俗志》。

③ 民国《西昌县志》卷五《礼俗志》。

④ 付仲光：《西昌的庙会》，载《西昌市文史资料选编》（第四辑），1986，第 143 页。

⑤ 光绪《丰都县志》卷四《艺文志》。

⑥ 光绪《增修灌县志》卷十一《风俗志》。

⑦ 同治《德阳县志》卷十八《风俗志》。

⑧ 《涪陵辞典》编纂委员会编《涪陵辞典》，重庆出版社，2003，第 428 页。

品，还能购买春耕生产物资①。正月初九，新津、绵州、庆符还会办上元会，其活动如同上九会。

（二）上九会的地理分布

清代方志资料显示，上九会分布于温江、金堂、灌县（伏龙观和马祖寺）、新津（观音寺）、德阳（姜孝子祠、东岳庙和真武宫）、大宁、绥靖、广安（紫金山）、太平（北山观）、射洪、綦江、涪州（聚云山天子殿）等地。民国及现代方志记载简阳、广汉、绵阳、绵竹、松潘、营山、达县、渠县、万源、蓬溪、合江、芦山、忠县、江津、长寿、涪陵、阆中、盐源、理县、茂汶羌族自治县、西昌、冕宁、盐边、普格、中江、资中、剑阁等县亦有上九会。

七、土地会

在道教神仙体系中，土地神是地位较低的基层神明，但民间极为崇拜，因此土地庙在城坊乡间分布极为广泛，街道、桥头、渡口、庙门等地皆建有土地庙。谚云"一方有个人，一方有个神"，这里的"神"即指保护乡里的土地神。根据土地的不同职能，土地神分为秧苗土地、花园土地、桥梁土地、山门土地等。《汉源县志》中比较详细地记载了各个土地神及各自的报赛之人，

---

① 四川省金堂县志编纂委员会编《金堂县志》，四川人民出版社，1994，第879页。

"七月七日城乡俱作土地会，曰高山土地，古山神也，山农猎户祀之。曰桥梁土地，古河伯也，水居祀之。曰青苗土地，古田祖也，田农祀之。曰长生土地，古中溜也，人家中堂龛下祀之。别有庙门、花园、栏栅各土地，隐然以社会闻人司事相比拟，其敬祀殆未可解矣"①。

土地神与古代的"社"有密切联系，陈宝良认为"社"的含义有五种，其中之一就是指土地神②。每年春祈秋报也与土地有关。道光《夔州府志》记载社日"今俗有土地会"③ 之称。所以，土地会包括方志中记载的"土地会""青苗会""秧苗会""田祖会""春社会""秋社会"等，笔者把所有的土地会分为三类，"青苗会""秧苗会""禾苗会"归为青苗会一类，其他土地会为一类，春、秋社会为一类④。

---

① 民国《汉源县志》卷八《风俗志》。
② 陈宝良：《中国的社与会》，中国人民大学出版社，2011，第1页。
③ 道光《夔州府志》卷十六《风俗志》。
④ 在方志记载中，三类土地会比较混乱，其界限可能不是那么明确。但是这三类土地会肯定是有区别的，因为这三类土地会在同一个地方同时出现。如峨眉既有土地会，也有青苗会；忠州既有土地会，也举办春、秋社会。除此之外，各自会期也有区别。这足以说明它们之间是有区别的。

（一）土地会的活动内容与空间差异

青苗会①，也叫青苗土地会、秧苗会、禾苗会、田祖会等。从名称就可以判断，其主要是农家在乡村举办的庙会。《新繁县志》记载"秧苗土地则为农人报赛之处，此犹有古祀八蜡之遗意义"②。青苗会的会期集中在四月和六月（参见表2-7），四月"乡人于栽种毕，农工稍闲"③，"妇女供蚕，缫盆浴茧，新丝始成。男子插秧，三耨既毕"④。六月亦是"耕耘已毕"⑤。说明乡民是有意错开耕种时间，在农闲时节办土地会。除了这两月，还有一些地方是在秋收之后报赛青苗土地神的。如德阳就是"秋收毕，咸赛青苗土地会，以报之"⑥，这亦是农闲时间办会。乡民办土地会是想通过报赛田祖，达到"除螟螣蟊贼，以祈顺成"⑦"过

---

① 李文清根据民国《乐山县志》所载"六月六日祀青苗神，盖社公也。蜀之民或以谓祀赵昱及庞士元，今俗皆曰川主会"，判断"青苗会与川主会并没有严格区别"。（参见李文清：《明清四川岁时习俗的区域差异研究》，硕士学位论文，西南大学，2009，第30页。）其实，嘉庆《乐山县志》与嘉庆《峨眉县志》也有同样的说法，但笔者并不认同。因为这段材料说明的是两个问题。一是乐山、峨眉地区的人们把赵昱及庞士元既当作川主神，也当作青苗土地神。二是"皆曰川主会"的"皆"字表明在人们的话语当中，是把青苗会也叫作川主会，但并不能说青苗会就是川主会，也不能说明两者没有区别。笔者推测是由于青苗会与川主会的会期都是在六月，人们把两者混了一起。
② 民国《新繁县志》卷四《礼俗》。
③ 嘉庆《汉州志》卷十五《风俗志》。
④ 宣统《广安州新志》卷三十四《风俗志》。
⑤ 同治《营山县志》卷十《舆地志》。
⑥ 道光《德阳县新志》卷一《地理志》。
⑦ 同治《德阳县志》卷十八《风俗志》。

会则苗不生虫"① 的目的。

报赛的方式主要有两种，一是祭祀演木偶戏，一是抬神巡游，有"迎猫祭虎遗意"②，即"《大雅》祀田祖意也"③。演戏酬神的地方有营山"农民出资，比户数十家，于高阜处演傀儡戏，以祀田祖"④，汉州"间有演剧者"⑤，垫江"乡农集资演傀儡灯影等剧，驱除蝗螟，豫祈丰稔"⑥，德阳"各里首事恒募钱演戏于社祠中，以祈谷于土谷之神"⑦，蓬溪"醵钱演傀儡，乐稷神"⑧，广安"择日演剧祈田祖，去螽贼"⑨。此外，筠连、秀山、岳池、大竹、江油、井研等地的土地会也会演戏酬神。

抬土地神出巡的活动并不是处处皆有，目前所收资料仅见于汉州和德阳两地。汉州"击鼓烧钱，舁神周巡四隅"⑩，德阳"击鼓焚楮钱，舁神巡行陌陇，以除螟螣螽贼，以祈顺成"⑪。

青苗土地会之外的其他土地会⑫一般在各地的土地堂、土地祠和土地庙举行，每年有数次。其会期多集中于七月，各地活动

---

① 同治《营山县志》卷十《舆地志》。
② 嘉庆《汉州志》卷十五《风俗志》。
③ 嘉庆《眉州属志》卷九《风土志》。
④ 同治《营山县志》卷十《舆地志》。
⑤ 嘉庆《汉州志》卷十五《风俗志》。
⑥ 光绪《垫江县志》卷一《舆地志》。
⑦ 道光《德阳县新志》卷一《地理志》。
⑧ 光绪《蓬溪县续志》卷一《物宜志》。
⑨ 宣统《广安州新志》卷三十四《风俗志》。
⑩ 嘉庆《汉州志》卷十五《风俗志》。
⑪ 同治《德阳县志》卷十八《风俗志》。
⑫ 这里指除秧苗土地会、青苗土地会、田祖会、春或秋社会之外的土地会。这一部分跟春、秋社会有交叉，这里以方志原文记载的"土地会"为准。下同。

虽大同，但各有侧重。如成都城内正月土地会就侧重于商品交易，"每岁孟春中旬百货聚集土女如云，凡三日而散"①。到了清末，此地的土地会演变成"售兰草为大宗货品，农具亦有售者"的专门市场②。七月成都的土地会则侧重于演戏酬神，"各街之土地祠，经会首募集香钱，演牛皮影戏以酬神，会首则藉以肉食一次。是日，无一街不演影戏者"③。

汉州、资阳等地土地会也有演戏活动。是日，汉州各街巷演剧庆祝，广安城中"临街搭台演剧"④，资阳城中"赛土地，各街自出资演戏十余日，亦岁以为常"⑤，蓬溪二月土地会"祀而饮，或演傀儡，有至累日者"⑥。

除了城市，市镇、乡村僻壤之地报赛土地神者也不少。如忠州也"奉祀维谨，虽僻壤，无不结棚庆祝"⑦，广安"乡村桥梁山宅有庙处所，皆醵金祀神聚饮"⑧。若遇旱灾等特殊年份，也会报赛土地。如资阳"乡间镇市或因干旱或庆丰年，其赛神大约于夏秋时"⑨。

春、秋社会于社日举行。古代社日有春社和秋社之分，立春后第五戊日为春社，立秋后第五戊日为秋社。清代四川地方志

---

① 同治《重修成都县志》卷二《舆地志》，风俗。
② 傅崇矩编《成都通览》（上册），巴蜀书社，1987，第72页。
③ 傅崇矩编《成都通览》（上册），巴蜀书社，1987，第551页。
④ 光绪《广安州志》卷十一《方物志》。
⑤ 嘉庆《资阳县志》卷二《风俗志》。
⑥ 光绪《蓬溪县续志》卷一《物宜》。
⑦ 道光《忠州直隶州志》卷一《地舆志》，风俗。
⑧ 宣统《广安州新志》卷三十四《风俗志》。
⑨ 嘉庆《资阳县志》卷二《风俗志》。

中，春社会一般记载为二月初二，秋社为八月初二。《荆楚岁时记》云"社日，四邻并结宗会社"①，意思就是说社日这天各邻里结合宗族聚会，聚会时"祀后土，名曰社会"②。办会时一般要祭祀宴饮，或演戏作乐。彭水"二月二日，俗以为社公生日，就小祠祭祀宴会，或演傀儡杂戏，连朝匝月"③。巴县二月春社会时，城市各坊厢办会演戏的特别多，以至于"梨园不能给，常一日并演谓之重台"，到了八月秋社会时，"奉祀维谨，虽僻壤无不作乐，陈梨园杂供视春社"④。忠州春社日时，城厢内外请道士延僧唪经，祀天祈谷，"乡人多演傀儡，其傩之一端欤"⑤。万县"城乡报赛极盛"⑥。

细察以上三类土地会的资料，可发现，庙会中有"饮福"或"宴饮醉饱"等记载的共有9处，其中土地会有广安、蓬溪2处，青苗会有眉州、青神、营山、江油、井研、丹棱、彭山7处，春、秋社会没有类似记载。青苗会时为什么人们多会"宴饮醉饱"呢？这个问题其实可以从农事安排上来理解。二月为播种月，"隰壤犁泥，高原锄地，为播种计"。七月，一些地方开始收获作物，"山黍、水稻有早获者"。八月，继续收获作物，并"水稻、山黍皆视其穗之长短高下以卜丰歉"⑦。恰土地会多集中在七月，

---

① 宗懔：《荆楚岁时记》，宋金龙校注，山西人民出版社，1987，第33页。
② 同治《璧山县志》卷一《舆地志》，风俗。
③ 同治《彭水县志》卷九《风俗志》。
④ 乾隆《巴县志》卷十《风土志》。
⑤ 道光《忠州直隶州志》卷一《地舆志》。
⑥ 同治《增修万县志》卷十二《地理志》，风俗。
⑦ 民国《安县续志》，载丁世良、赵放《中国地方志民俗资料汇编·西南卷》（上），北京图书馆出版社，1991，第127页。

春、秋社会多集中于二月和八月（参见表2－7）。这三个月正是农忙季节，农家不敢聚饮醉饱而懈怠农作。而青苗会多于四月和六月办会，因为四月"乡人于栽种毕，农工稍闲"。六月，"耕耘已毕"，即恰农家稍闲，办会看戏，相约饮酒醉饱，以解长期劳作之乏，也不担心耽误农作。

表2－7　清代四川土地会会期分布表

月份	土地会	青苗会	春、秋社会
正月	成都	德阳	
二月	奉节、云阳、广安、蓬溪	筠连、秀山	江北、巴县、万县、璧山、酉阳、黔江、彭水、忠州
三月	温江、峨眉		
四月		汉州、德阳、蓬溪、广安、垫江、大竹	
六月	丹棱、冕宁、庆符	乐山、洪雅、夹江、眉州、邛州、蒲江、德阳、青神、灌县、营山、温江、江油、井研、丹棱、彭山	
七月	成都、金堂、什邡、崇庆、温江		
八月	汉州、广安、忠州	德阳	璧山、万县、酉阳、黔江、彭水、巴县
九月	资阳		
不详		峨眉、岳池	

注：本表根据本书"附录：清代四川庙会史料汇编"整理。春社日视为农历二月，端午视为农历五月，秋收和秋社日视为农历八月。

（二） 土地会的地理分布

从办会时间上来看（表 2－7），土地会七月办会的最多，有成都、金堂、什邡、崇庆、温江 5 地，二月办会的也有奉节、云阳、广安、蓬溪 4 地，六月和八月各 3 地。青苗会的会期集中在四月和六月，六月办会地最多。汉州、德阳、蓬溪、广安、垫江、大竹等 6 地在四月办会，乐山、洪雅、夹江、眉州、邛州等 15 地在六月办会。春、秋社会则集中在二月和八月，因为春社日指立春后第五戊日，一般为二月，秋社日指立秋后第五戊日，一般为八月，所以，春、秋社会则集中于这两月之中。

从三类土地庙会的数量上来看（表 2－8），清代四川共有 16 地办土地会，其中成都府占 6 地。青苗会有 24 地办会，集中于嘉定府与眉州两地，共占了 8 地。春、秋社会办会的有 8 地，重庆府和酉阳州各有 3 地。从总体数量上来讲，青苗会是最多的，其原因可能与青苗土地神的职能有关。青苗土地神，"古田祖也，田农祀之"，人们信其能保佑乡民的农作物不受虫害，且农作物能够丰收，是农民一年的生计之神。所以农民更是报赛为谨，倡会者也就更多。

若把上述举办三类土地会的地区对照到清代四川地图①上看，土地会呈现出以成都府为集中区，其他地区散状分布的特点；青苗会则以邛州、眉州、嘉定府的西北和资州井研地区为集中区，川

---

① 谭其骧主编《中国历史地图集》（第八册：清时期），中国地图出版社，1987，第 39—40 页。

表2－8　清代四川土地会分布表

府（州）	土地会	青苗会	春、秋社会
成都府	温江、成都、金堂、什邡、崇庆、汉州	汉州、灌县、温江	
绵州		德阳	
酉阳州		秀山	酉阳、黔江、彭水
绥定府		大竹	
嘉定府	峨眉	乐山、洪雅、夹江、峨眉	
眉州	丹棱	眉州、青神、丹棱、彭山	
邛州		邛州、蒲江	
重庆府			江北、巴县、璧山
夔州府	奉节、云阳		万县
龙安府		江油	
叙州府	庆符	筠连	
宁远府	冕宁		
顺庆府	广安	广安、营山、岳池	
潼川府	蓬溪	蓬溪	
忠州	忠州	垫江	忠州
资州	资阳	井研	

注：本表根据本书"附录：清代四川庙会史料汇编"整理。

东地区散状分布为特点；春、秋社会则仅分布于川东南的重庆府、西阳州和忠州地区。重庆府、西阳州等地区，所祀土地神多为"后土"。《左传》云"后土为社"。社源于三代初兴，于秦汉，承于魏晋，唐宋而兴盛，明清而衰微①。说明重庆、西阳等地仍有古风残留，而其他地方可能已经发生变化了。如青苗会集中区的嘉定府地区，所祀土地神为"赵昱及庞士元"，人们把他们神化，并作为保护农作物的青苗土地神，这也能够解释青苗会集中于眉、嘉二地的原因。土地会之所以集中于成都府，可能是因为成都地区经济比较发达，办土地会数量可能更多一些，规模可能要大一些，其中一些地方的土地会还形成了物资交流市场。

对比这三类土地会的地理分布，可知各自的集中区少有办其他两类土地会。成都府6县有土地会，3县有青苗会，其中有2县交叉。青苗会集中区有11县，而土地会只有2县办，且这2县有交叉。春、秋社会重庆府和西阳州各有3县办，这6县没有其他两种会的分布。是什么因素导致这种分布现象出现呢？笔者认为是各个区域所祀土地神祇不同，造成了这种分布现象的出现。重庆府和西阳州等地区所祀土地神多为"后土"。"后土为社"，所以这些地区多在春、秋社日办会，而少有办其他土地会。青苗会集中区多祀青苗土地神，而当地民众是以本地土主"赵昱及庞士元"为青苗土地神，这就形成了一个祭祀圈，在这个圈内则多举办青苗会。成都府地区土地神相对较杂一些，各土地庙会的交叉现象也就复杂一些。

---

① 参见杜正乾：《中国古代土地信仰研究》，博士学位论文，四川大学，2005，第146页。

第三章

地方信仰类庙会活动的空间差异与地理分布

　　清代四川存在着数量庞大的区域性地方神祇，这些神祇大多由地方传奇人物或忠烈之士演变而来。由于这些神祇大都由当地民众崇祀而成，与民众关系相当密切，屡传出显灵故事。此外，在元末明初与明末清初，大量移民进入四川地区，移民原有的地方信仰也随之迁入，也促进了四川地方信仰的兴盛。兴盛的地方信仰，相应也促使地方信仰类庙会走向繁荣。

一、川主会

　　川主信仰是四川地区以治水文化为内核的信仰，具有明显的地域特色，主要流行于四川地区，在云贵、江南等地亦有分布。在清代，各地崇祀的川主神并不一致，有大禹、李冰、李二郎、赵昱等说。以大禹为"川主"，主要是因为大禹是在川西地区出现的治水英雄，并治理过岷江水患。以李冰为"川主"，亦是因他主持修建都江堰等水利工程，治水有功，被川民崇祀。一般认为，李二郎是李冰次子。因他同有治水之功，亦被祭祀。四川都江堰的二王庙，即祭祀李冰父子。由于李冰父子的治水功绩，他们屡次受到后世朝廷的封敕，助推了川主信仰的扩张①。赵昱原是隋代嘉州（今乐山地区）太守，据传因斩杀江中恶蛟而闻名，后骑白马飞升，得到民间崇祀。赵昱曾被唐太宗、唐玄宗封为"神勇大将军""显应侯"等，后又被宋真宗加封，成为"清源妙道真君"。此外，一些地方也把蜀帝杜宇、开明氏，三国刘备、关羽、张飞等当作"川主"祭祀②。川主信仰影响的扩大，使各地也兴建了不少川主祠庙。据付玉强不完全统计，清代四川地区川主祠庙有 505 处③，可见川主信仰在四川地区的兴盛情况，川主会也在此基础上繁荣起来。

（一）川主会的活动内容与空间差异

川主会的会期大都是农历六月二十四的川主诞辰④，川主会

---

① 李二郎也有"二郎神"之说，参见盖建民、高大伟：《清代巴蜀地区"川主二郎神"信仰新考》，《西南民族大学学报（人文社会科学版）》2021年第 10 期。

② 干鸣丰：《简论"川主"信仰及其历史影响》，《西南民族学院学报（哲学社会科学版）》2003 年第 5 期。

③ 付玉强：《明清以来四川地区川主信仰时空分布研究》，硕士学位论文，西南大学，2011，第 16 页。

④ 夹江的二郎会会期为正月十八，夹江甘江二郎庙香灯会为九月十八至二十二。筠连川主会会期不定。

的活动主要有三项。

一是祭祀活动。每逢川主会期，会首组织或人们自发到川主祠庙进香。万县"农家最重此会，醵钱买豚以祭，量人数以桐叶包肉蒸成鲊派分之"①。蒲江、珙县、马边等地届时"乡民祭川主"②。綦江县民祭祀川主"就平地作坛，宰牲设醴"③。灌县川主会时，民众到二王庙敬祝川主诞辰，"远近州县人民多携雄鸡至祠，割而祭之"④。乡民之所以对川主神祭祀甚虔，是因为川主神治水有功，而且主管降雨，"农家最重此会"⑤。乡民祭祀也相当虔诚，"主之功，民不能忘，故祀之较他神倍诚焉"⑥。乡民希望通过这样虔诚的祈祷和祭祀能得到川主神的庇佑，从而风调雨顺，有个好收成。

二是演戏和灯会活动。井研"是期演戏或三、五日，而灌江前后凡经月余，有功德于民者也"⑦。彭山"乡民于二十四日演剧庆祝"⑧。青神"川主神寿诞，祀神演戏"⑨。铜梁演戏活动，以川主会为最，"亦犹是古人祈赛之遗风"⑩。夹江甘江二郎会时，还会举办盛大的香灯会，以祈祷丰年。

三是川主出巡活动。抬川主神出巡，主要是在天旱时举办，

① 同治《增修万县志》卷十二《地理志》，风俗。
② 光绪《蒲江县志》卷一《地理志》；光绪《珙县志》卷五《风俗志》。
③ 道光《綦江县志》卷九《风俗》。
④ 光绪《增修灌县志》卷十一《风俗志》。
⑤ 同治《增修万县志》卷十二《地理志》，风俗。
⑥ 光绪《青神县志》卷十八《风俗志》。
⑦ 乾隆《井研县志》卷六《风俗志》。
⑧ 嘉庆《彭山县志》卷三《风俗志》。
⑨ 光绪《青神县志》卷十八《风俗志》。
⑩ 光绪《铜梁县志》卷一《地理志》。

以求雨水。筠连"天旱祈雨，则舁川主神像出游街市"①。夹江甘江二郎会时，若遇天旱则抬二郎神进城求雨。会前由和尚出面，找几个"包承"衬头，再约集几十上百个会首主办。会期中，从甘江铺至二郎庙的八华里路上，还香许愿者络绎不绝。有的抬着全猪、全羊、猪头，有的提着雄鸡，有的还乐鼓相随；路旁售香蜡纸钱、纸剪的眼镜鞋帽衣裤等的摊子很多；沙门外多设小吃摊、杂货摊、赌摊等，如同闹市；和尚盘坐神侧，击鼓敲钟，香客伏倒神前，顶礼膜拜。荣县在天旱之年也会举办抬泥塑川主神像游行的活动，谓之"抬菩萨"②。大邑如遇岁旱，则共迎川主祈雨，若灵验则演剧酬神，谓之"雨戏"。长期下雨，还需禀官于太阳宫祈晴③。合江天旱之年，还会将江津石蟆口大菩萨神像从数十里外抬至合江木广龙王潭，与二菩萨相会，每次一二千人相送，前后数日，盛况空前④。

此外，西昌地区亦有川主出巡，但并非专为求雨，而是舁神类活动。六月二十四，西昌过街梁迎川主神像巡街，"观会者多自远而至"⑤。六月二十六，西昌樟木箐川主庙亦举办迎神赛会。西昌高草从道光十一年（1831）开始办川主会，会期亦抬川主木

① 同治《筠连县志》卷三《舆地志》。
② 四川省荣县志编纂委员会编《荣县志》，四川大学出版社，1993，第533页。
③ 民国《大邑县志》卷四《学校志》。
④ 合江县志编纂委员会编《合江县志》，四川科学技术出版社，1993，第751页。
⑤ 民国《西昌县志》卷五《礼俗志》。

像出巡，并"演办高装"①。

从川主会活动内容来看，祭祀川主神是川主会普遍进行的活动，而演戏、游神、"吃神餐"等活动则具有地域性。从清代方志资料来看，有演戏庆祝活动的主要分布于新都、彭山、青神、梁山、井研等地。筠连、夹江、西昌等地川主会有游神活动，但并不是每年都会固定舁神，只有天旱时才会"舁川主神像出游街市"，属于临时性庙会。夹江、眉山等县有"吃神餐"的活动。夹江二郎会时，赶香灯会的人为求菩萨保佑，喜吃庙会"神餐"，几十张餐桌从早到晚开流水席，仍拥挤异常②。眉山清凉寺二郎会时，大办素斋席，每天朝神拜佛吃散席者千余人。传说吃了菩萨饭，可保阖家平安。有僧人还说："后山中有仙粑（米白色黏土），可疗荒来又救饥。"③此外，在川主会期，一些地方还形成了专门买卖农器的市场，如彰明就有"鬻农器"的活动④。

（二）川主会的地理分布

从表3-1来看，叙州府的南溪、筠连、珙县、屏山、马边5县均有川主会，是办会最多的府。其次是成都府、眉州和重庆府，分别有4县和3县办会，其他府州办会的在2地及以下。

① 四川凉山彝族自治州博物馆编《西昌地震碑林》，文物出版社，2006，第70页。
② 四川省夹江县编史修志委员会编《夹江县志》，四川人民出版社，1989，第653-654页。
③ 四川省眉山县县志编纂委员会编《眉山县志》，四川人民出版社，1992，第1004页。
④ 同治《彰明县志》卷十九《风俗志》。

表 3—1　清代四川川主会分布表

府（州、厅）	分布状况	数量
成都府	成都、金堂、新都、灌县	4
嘉定府	夹江	1
眉州	眉州、彭山、青神	3
邛州	邛州、蒲江	2
资州	井研	1
忠州	梁平	1
重庆府	綦江、江津、铜梁	3
夔州府	万县	1
龙安府	彰明	1
宁远府	西昌、越巂	2
顺庆府	广安	1
泸州	纳溪、江安	2
叙州府	南溪、筠连、珙县、屏山、马边	5
酉阳州	酉阳、黔江	2

注：本表根据本书"附录：清代四川庙会史料汇编"整理。

　　若把办会的州县对照到清代四川地图①上看，可知，川主会分布呈现南北和东西两条带状，进而观察可看出办川主会的地方，大都有河流经过。从灌县到成都，再下彭山、青神一带，其实是沿着岷江分布的，从屏山到万县的带状大概跟长江走向趋同。这样的分布大概与川主为水神有关，由于河流两岸容易受到

———————

① 谭其骧主编《中国历史地图集》（第八册：清时期），中国地图出版社，1987，第39—40页。

水灾，而川主神治水有功，沿河地区多办川主会以酬神，祈求平安。

从区域对比的角度看，川南地区的叙州府和泸州川主会比较兴盛。蓝勇早就注意到这一点，他认为川南地区保留的土著文化最多，川主宫在川南地区的分布比例也是最大的，因此川南地区办川主会者，也就较多①。

二、土主会

四川地区的土主信仰起源比较早，晋代之前土主庙为杜主庙，祭祀的是古蜀国先祖杜宇②。后世的土主神大都为有功于本地的官员，他们被当地人奉为本地的保护神。有学者依据方志统计出清代四川土主庙有 48 处，但建庙时间基本在明代以前，因此认为明清时期四川地区土主崇拜已逐渐衰落③。

（一）土主会的活动内容与地理分布

清代四川各地祭祀的土主神祇基本不同，所以各地土主会期也不一样，庙会活动也不尽相同。如青神一年有两次土主会。一

① 蓝勇：《西南历史文化地理》，西南师范大学出版社，1997，第473—474页。
② 参见王善生：《杜主·土主·川主祠祀的演变》，《文史杂志》1987年第6期。
③ 林移刚：《清代四川民间信仰地理研究》，博士学位论文，西南大学，2013，第151页。

是在正月二十一举行的青衣土主庙会，"老幼妇女以扫拂神尘，以为饲蚕之兆"①。一是以二月十九为会期的白马土主庙会，"白马土主神寿诞，演戏办高椿会，观者云集，虽跋山涉水而来不惮劳焉"②。雅安土主会，在三月二十四举办，主要活动是售卖农器，从而成为当地有名的庙市。雅安土主庙祭祀的是汉代越嶲太守任贵，当地人亦祭祀其妻，九月二十七"土主娘娘诞，皇烛会集如前"③。峨眉有两处璧山庙，城北璧山庙亦供奉其夫妇二人。杂谷脑（今理县）和汶川两地有抬土主出游的活动。杂谷脑在正月十五抬土主等神游行④，汶川在正月二十抬土主神出游。雁门羌族最为看重此会，在青坡沿街扎松棚、挂纸花、张灯结彩，护神游行时，敲锣打鼓放鞭炮、热闹非凡。会期要杀猪、牛、羊祭祀土主，含羌族民众春祈秋获之意⑤。

　　清代方志显示，除璧山会外的其他土主会分布于洪雅、夹江、青神、荣县等地。民国及现代方志显示，理县、汶川、渠县、雅安、汉源、乐山等地亦有土主会。土主会中最具代表的是璧山会，下面就讨论一下璧山会的活动内容及地理分布。

---

① 光绪《青神县志》卷十八《风俗志》。
② 光绪《青神县志》卷十八《风俗志》。
③ "祀汉越嶲太守任贵，惟农器陈列，喧嚣不异"。民国《雅安县志》卷四《风俗志》。
④ 理县志编纂委员会编《理县志》，四川民族出版社，1997，第770页。
⑤ 四川省阿坝藏族羌族自治州汶川县地方志编纂委员会编《汶川县志》，民族出版社，1992，第797页。

（二）璧山会的活动内容与地理分布

璧山会的兴起与璧山神信仰的传播有关。据学者考证，璧山神并非梓潼神，也并非山神附会而成。璧山神，乃唐代大历年间的合州巴川县令赵延之，因战功而得到民众爱戴，后卒于璧山，人们建祠供奉，而后神化成为璧山神。进入宋代，璧山神的军事护佑功能凸显，多次被官方封号，钓鱼城之战后地位达到顶峰，封号增加为"显应忠烈威济广佑王"。此时道教亦将璧山神拉进神仙谱系之中，冠以"清明河童天帝"之称。明清时期，随着璧山神信仰影响的扩大，神迹逐渐模糊，璧山神逐渐转变为"土主神"①。

璧山会的会期有七月初二、初七、初八和三月初三。德阳是三月举行璧山会，其他地方皆为七月办会，各地办会活动也各有特色。青神璧山会时"祀神演戏进香者，以衣服靴鞋献之神。皆以纸为之案前，堆积如山焉"②。德阳璧山会时还有祈子的活动，"县北圣觉寺有璧山神像居中，旁列妻妾像，刻木为之，机关转榫，皆可屈伸，衣履逼真，祈子者多祷"，而且"此会亦有数处，惟此为盛耳"③，说明德阳还有多处办璧山会。洪雅地区办璧山会时"商贾辐辏，货物云集，自一日至十日方罢"④。

---

① 黎春林：《璧山神研究》，《西南交通大学学报（社会科学版）》2012年第2期。
② 光绪《青神县志》卷十八《风俗志》。
③ 同治《德阳县志》卷十八《风俗志》。
④ 嘉庆《洪雅县志》卷三《方舆志》，风俗。

清代璧山神信仰广泛分布于川西盆地的仁寿、眉州、彭山、峨眉、夹江等地，川南的马边，川北的德阳、绵阳等地，川东的重庆、大足、合川等地，但在这些信仰区内，办璧山会的地区并不是很多。清代资料显示，璧山会分布于峨眉、夹江、德阳、青神、洪雅等地。民国资料显示，安县、中江等地亦办会。

三、娘娘会

在道教的神仙体系中，娘娘神一般是指碧霞元君。碧霞元君是道教重要的女性神，起源于山东泰山，盛行于北方，南方也有分布①。翻检清代四川地方志发现，除雅州荥经确有碧霞元君庙记载外，其他地方少有提及，由此推断碧霞元君信仰在四川地区并不流行。但这并不意味着清代四川娘娘神崇拜较弱，因为四川各地存在着神祇不一的民间娘娘神②。例如，成都娘娘庙祭拜的是三国时期蜀汉北地王刘谌的王妃崔氏，崇庆羊马桥祭祀的是三霄娘娘。

明清时期四川地区修建了很多娘娘庙，人们在娘娘诞辰酬神，逐渐演变成了庙会。清代四川地区娘娘神的名称较多，如送子娘娘、痘麻娘娘、三圣娘娘等。娘娘会一般在三月初三左右举行，会期无子嗣之家，前来祈求早生贵子，有子嗣之家，仍来祈

---

① 田承军：《碧霞元君与碧霞元君庙》，《史学月刊》2004 年第 4 期；孟昭锋、王元林：《明清时期碧霞元君信仰的地域扩展》，《贵州文史丛刊》2012 年第 3 期。

② 北方地区碧霞元君庙会一般在四月十八举行，而四川地区娘娘会一般在三月初三举行，亦可说明两者并不相同。

求保佑小孩无病无痛，因此娘娘会也被称为童子会、童儿会、送子会等。

（一）娘娘会的活动内容与空间差异

娘娘会有一项极具地域特色的"抢童子"活动。《成都通览》较为详细地记载了"抢童子"活动。三月初三成都延庆寺、娘娘庙各处"演剧酬神，会首则大肆饕餮，并用木雕之四五寸长童子、童女若干，在神殿前抛掷丛人处，俟人之争抢。抢得童者，即于是夜，用鼓乐、旗伞、灯烛、火炮，将木童置于彩亭中，或用小儿抱持，送与亲戚中无子女者。该亲戚即衣冠招待，肆筵宴宾，比真正得子者尤为热闹，有接童子费至数十至百金者"①。这段史料说明，娘娘会大致有演戏酬神、会首抛童、信众抢童、夜晚送童、办招待等环节。

庙会期间，一般会例演一折《仙姬送子》等川剧，演戏结束后，才会向人群抛"童子"。庙会中使用的"童子"一般由木块雕刻而成，一些地方还会画上黑衣绿裤，颈上还系上红绸。各地使用"童子"的数量并不一样，如郫县只有一个，新津有三个，洛带燃灯寺有木雕童子十二个，闰年还增加一个。简阳白塔寺等地有三个，分为"头童""二童""三童"，由主持或掌堂师念咒开光之后，供奉在娘娘殿里。据说"头童"最为灵验，会首将"童子"抛入会场，人群如沸，反复抢夺，激烈异常。为了能抢到童子，甚至还会组成"抢童队"，分工拼抢、传递、堵截和严

① 傅崇矩编《成都通览》（上册），巴蜀书社，1987，第549页。

防。为防止争抢过程中发生斗殴，郫县还制定了"亮童"的规则，只要把"童子"举过头顶，其他人就不能再抢①。

得到"童子"之家，需供奉家中，一旦灵验，还需将木刻"童子"送回还愿。人们认为送还的"童子"更灵验，因此还愿时又会有人前来抢夺。"有送童子还愿方经通说为人抢去者，有刚至庙门为人抢去者，有所抢童子被人夺者。得者喜笑而去，而被抢去者，亦不深怪"②。安县地区还愿还会演皮影戏或木偶戏三本，捐灯油几十斤以示酬神③。

此外，康定、渠县等地还有抬娘娘出巡的活动。康定娘娘会时，先有报童骑彩马沿街飞报娘娘出驾时间，出巡回宫后才举行撒童子盛典，"藏、汉群众作为喜庆都乐意接受"④。渠县娘娘神有送子娘娘、痘母娘娘、麻母娘娘，合称三圣。娘娘会时，抬三圣彩亭，招摇过市，祈求免除瘟疫，人丁兴旺⑤。

由于"抢童子"等庙会活动会吸引成千上万人围观，商贩云集，一些地方的庙会市场也比较繁荣。雅安东慕义场白衣庵娘娘会、简阳县童子会时，形成"鬻农器"的专门市场⑥。温江、井

---

① 吕雪萱：《旧时四川简阳"抢童子"风俗》，《寻根》2019 年第 5 期；张婉霏：《成都娘娘庙"抢童子"民俗》，《寻根》2022 年第 5 期。
② 光绪《越巂厅全志》卷十《风俗志》。
③ 四川省安县志编纂委员会编《安县志》，巴蜀书社，1991，第 723 页。
④ 四川省康定县志编纂委员会编《康定县志》，四川辞书出版社，1995，第 464 页。
⑤ 四川省渠县地方志编纂委员会编《渠县志》，四川科学技术出版社，1991，第 864 页。
⑥ 民国《雅安县志》卷四《风俗志》；民国《简阳县志》卷二十二《礼俗篇》。

研娘娘会时，各色商品云集，市场较为闹热①。

汶川和理县的娘娘会与其他地方稍有区别，只有已婚妇女才能前往朝拜，特别强调"寡妇不能参加"。除祭拜外，各村寨已婚妇女每年轮流做东操办酒席，没有演戏、"抢童子"等活动②。

（二）　求子类庙会的地理分布

仅从清代方志资料来看，清代办娘娘会、童子会的地方有成都（延庆寺、娘娘庙）、金堂、德阳（东岳庙、真武宫）、天全州、绥靖等地。显然，事实上不止这些地方。搜集民国和现代方志中的资料，可以看到还有很多地方办娘娘会，如温江、郫县、崇庆、简阳、汉源、井研、筠连、灌县、洪雅、安县、中江、资中、阆中、广元、剑阁、潼南、绵竹、蓬溪、渠县、达县、雅安、北川、理县、汶川、冕宁、康定等地。从资料来看，川西盆地区娘娘会比较盛行，一县内可能有数个场镇办会。例如，金堂三月十八有痘麻娘娘会，三月二十有送子娘娘会。再如温江，每年二三月就有十二处地方办会，会期也相当密集（见表3－2）。

---

① 四川省温江县志编纂委员会编《温江县志》，四川人民出版社，1990，第825页；四川省井研县志编纂委员会编《井研县志》，四川人民出版社，1990，第639页。

② 四川省阿坝藏族羌族自治州汶川县地方志编纂委员会编《汶川县志》，民族出版社，1992，第797页；理县志编纂委员会编《理县志》，四川民族出版社，1997，第770页。

表3-2　温江娘娘会一览表

时间	二月初三	三月初一	三月初六	三月初八	三月十五	三月十七	三月十八	三月二十四	三月二十八
地点	毗卢乡	寿安乡止水庙	踏水乡	三圣乡隆兴乡	平安乡娘娘店	平安乡昙华寺	永盛乡	和盛乡	清平乡、寿安乡吴家庵和普兴桥

注：本表根据《温江县志》（四川人民出版社，1990年，第824-825页）整理。

除了娘娘会、童子会，清代四川还有很多庙会涉及求子活动，如三婆会、文昌会、璧山会、观音会、金马山会等。

表3-3　清代四川求子类庙会统计表

娘娘会	成都（延庆寺、娘娘庙）、金堂、德阳（东岳庙、真武宫）、绥靖
童子会	天全州城西毓麟祠
三婆会	洪雅、彭山
文昌会	盐亭、梓潼
金马山会	越嶲
观音会	蓬溪、彭水
璧山会	德阳

注：本表根据本书"附录：清代四川庙会史料汇编"整理。

明清四川方志资料显示，洪雅、彭山两县有举办三婆会的活动。洪雅三婆会在明嘉靖时期就已举办，嘉靖《洪雅县志》记载，三月初三"赛三婆神，祈嗣"[①]。彭山县三月初三为"媒神圣

---

① 　嘉靖《洪雅县志》卷一《疆域志》，风俗。

母降诞，士人名为三婆会，演剧庆祝，妇女求子者杂沓"①。民国及现代方志资料显示，双流、新津、大邑、盐源、峨边、甘洛等地亦有举办三婆会。盐亭、梓潼文昌会，亦有求子活动。德阳三月初三的璧山会也有求子活动。"县北圣觉寺，有璧山神并妻妾像，刻木为之，机关转楗，皆可屈伸，祈子者多祈焉。得子，则以红布数尺横覆像首，只鸡斗酒以酬报之。此会亦有数处，惟寺为盛耳"②。从这段史料来看，璧山会有求子活动，应与璧山神的妻妾相关，人们容易给女性神祇附会上送子等功能。

四、牛王会

传统中国是一个农业社会，耕牛是农家的主要畜力，也是最为重要的生产资料之一，因此乡民对耕牛较为爱护，甚至敬重。对于宰杀耕牛的行为，农家更是愤愤不平，官府也常会发布保护耕牛的政令。嘉庆《什邡县志》就记载有官府发文要严惩杀耕牛之徒，"宰杀耕牛之徒应严禁也，耕牛有功于人甚大。当被宰时，虽剥皮之后犹不得死，犹有知觉，犹抱痛楚，其惨实不忍言。人虽残刻，何至为此，必尽法治之断不宽贷"③。为保护耕牛，牛王神"走进"了民间。

牛王神作为耕牛的保护神，乡民多称为"牛王菩萨"，"农家尤重"④。四川地区"田多水耕，不用骡马，专用犊。自正月选属

① 嘉庆《彭山县志》卷三《风俗志》。
② 道光《德阳县新志》卷一《地理志》。
③ 嘉庆《什邡县志》卷十八《风俗志》。
④ 道光《德阳县新志》卷一《地理志》。

龙日驾牛，从此曳犁濡尾，终岁无时少息，盖六畜之中惟牛为最辛勤"①。乡间民众在十月初一这天"以糯米蒸熟，捣为糍粑以饲牛"②，并把糍粑悬于牛角，以体恤耕牛一年的劳苦。若是把牛"租于人者，亦以是日取回，盖自明时已然"③。巴县、璧山等地还"令其临水照，见则牛喜，酬其力，曰饷牛王"④。人们更为了感谢牛王神的庇佑，在城中建有牛王庙，乡村则于寺庙塑牛王像，每年定期举行报赛牛神庙会活动。

（一）牛王会的活动内容与空间差异

清代四川牛王会大都是在十月初一牛王神诞日办会，会期人们到牛王庙或到塑有牛王像的寺庙去举行牛王会。牛王会的活动主要是祭祀、还愿与演戏酬牛神。会期城乡都有祭祀牛王的活动，但乡民办会者更多。糍粑是祭祀牛神中特有的供品，成都乡民"以糯米捣粢祀牛神"⑤，青神县民专门还休耕一日，"以糯米作巴"，并"请僧道为牛王神念佛"清斋⑥，以保佑家中耕牛健壮。马边牛王会期间，附近农民还会牵牛赶会，焚香燃烛祭，盼耕牛健壮。此外，据说盐亭石牛的牛王神较为灵验，牛王会前一月左右就有梓潼、剑阁的乡民来到庙内牛王像前杀鸡还愿。正会

---

① 道光《续纂江油县志》卷三《风俗志》。
② 光绪《增修灌县志》卷十一《风俗志》。
③ 嘉庆《金堂县志》卷二《疆域志》。
④ 乾隆《巴县志》卷十《风土志》。
⑤ 同治《重修成都县志》卷二《舆地志》。
⑥ 光绪《青神县志》卷十八《风俗志》。

当天，当地首事专门安排七八个人，替还愿人杀鸡，用七八个大酱盆接鸡血。到了午后，每个盆的鸡血盈溢，喷洒在地上的鸡血，从神像前台阶上流下凝结成一二寸的血团①。

演戏酬牛王神，也是庙会的重要内容。人们为了感谢牛王神的庇佑，常常"无所少吝"，正所谓"有功德于民则祀之之意也"②。德阳地区各户凑钱演戏酬神时，"彼此争先"，以至于"乐部为之增价"③。牛王会时醵金演戏的地方分布于灌县、汉州、江油、德阳、彭山、青神等地方。灌县"牛王诞间，有兴设牛王会，演戏庆祝"④，汉州"四乡以此演剧，报赛牛神"⑤，江油"醵金演戏三、四日不等"⑥，德阳"比户合钱演戏以酬神"⑦，新宁、彭山"农民演剧庆祝"⑧，青神"亦有于庙演戏者"⑨，璧山多演傀儡戏，以饷牛王神⑩。阆中二月十二的牛王会有唱大戏、演木偶、演皮影、耍狮子、舞彩龙、放焰火等活动，热闹非凡⑪。

---

① 四川省盐亭县志编纂委员会编《盐亭县志》，四川文艺出版社，1991，第675页。
② 道光《续纂江油县志》卷三《风俗志》。
③ 道光《德阳县新志》卷一《地理志》。
④ 光绪《增修灌县志》卷十一《风俗志》。
⑤ 嘉庆《汉州志》卷十五《风俗志》。
⑥ 道光《续纂江油县志》卷三《风俗志》。
⑦ 道光《德阳县新志》卷一《地理志》。
⑧ 嘉庆《彭山县志》卷三《风俗志》。
⑨ 光绪《青神县志》卷十八《风俗志》。
⑩ 同治《璧山县志》卷一《舆地志》。
⑪ 四川省阆中市地方志编纂委员会编《阆中县志》，四川人民出版社，1993，第934页。

（二）牛王会的地理分布

从表3－4来看，清代方志显示四川牛王会分布于成都、江油、汉州等26地，民国及现代方志记载至少还有70多地办会。仅以清代方志数据来看，成都府分布最为密集，有7地。重庆府和叙州府各有4地，其他府皆在2地及以下。对照清代四川地图①来看，牛王会分布呈现三个集中区，分别是成都平原区、川南叙州府和泸州地区、川东重庆府地区，还呈现出从江油到夹江的带状分布。成都平原是牛王会分布最为密集的地方。

表3－4　清代四川牛王会分布表

府（州、厅）	分布状况	数量
成都府	成都、华阳、金堂、灌县、新津、什邡、汉州	7
嘉定府	夹江	1
龙安府	江油、彰明	2
绵州	德阳	1
懋功厅	绥靖	1
眉州	彭山、青神	2
宁远府	冕宁	1
泸州	纳溪、江安	2
叙州府	宜宾、南溪、庆符、高县	4
重庆府	巴县、长寿、璧山、江北	4
绥定府	新宁	1

注：本表根据本书"附录：清代四川庙会史料汇编"整理。

---

① 谭其骧主编《中国历史地图集》（第八册：清时期），中国地图出版社，1987，第39—40页。

需要注意的一点是，酉阳州的彭水、黔江、酉阳地区，清代也是有牛王会的，会期为四月初八。但在这些地方的清代方志中，并没有记载。在现代方志中，可发现此地的牛王会，多是土家族、苗族举办，不同于汉族牛王神故事，具有明显的民族特色，具体情况见第四章。

五、魁星会

一般认为，魁星是北斗七星的第一颗星，即天枢星。随着科举制度的推行，读书人都想考得第一，因而开始崇拜魁星，有取科举第一名的含义①。同时，道教也将其归入主管考试的星官。据学者考证，宋代一些地方修建有魁星楼、魁星阁，说明宋代已开始形成魁星崇拜。明代人们已经将魁星塑造成蓝面赤发之鬼，立于鳌头之上，举足而起斗，反顾以笔点之，即"魁星点斗，独占鳌头"之说，意为点中科举者的姓名②。由此，参加科举考试者，大加崇祀，并在七月初七办魁星会。明清时期出现"魁星"与"奎星"混用的情况。奎星一般指西方白虎七宿中的第一宿，人们因此附会为"奎主文章"，也加以崇祀。

七月初七"为魁星诞辰，馆塾志中皆有祭祀"③。办会的一般

---

① 刘宗迪认为魁星崇拜源于西亚的天狼星崇拜，在传入中国后变成了主管文运之神。参见刘宗迪：《七夕拜魁星习俗的异域渊源》，《文化遗产》2013年第6期。
② 张晓雪：《科举时代的造神：魁星崇拜研究》，硕士学位论文，黑龙江大学，2012。
③ 同治《彭水县志》卷九《风俗志》。

是要参与科举的士子，因此史料中往往出现"士子作奎星会"①的记载。有时候还举行演戏活动，如《宣汉县志》记载"科举时代士子为魁星会，演剧数日"②。清代四川的魁星会分布于新宁、黔江、彭水、纳溪、南溪等县。

六、孔圣会

与科举制度相关的庙会民俗还有文昌会和孔圣会。文昌会在第二章已经阐明，这里简述一下孔圣会的活动与地理分布。

孔子是我国古代的思想家、教育家，被尊为"天纵之圣""至圣先师"等。八月二十七为孔子诞期，官绅、文人、学子们一般在文庙祭祀，从而形成了祭祀孔子的孔圣会（亦称孔子会、夫子会、大成会）。会期前夜备香烛酒脯以祭，当日复以羊豕祭毕，"文人会饮馂祭"③。绵阳"各学校及私塾陈牲醴致祭，放假欢宴"④。喜德地区办会时，"城内士子沐浴更衣，集中于文庙祀孔"。进入民国后，祭祀渐衰，民国末期，祭祀停止⑤。

清代方志显示孔圣会主要分布于成都、营山、德阳、南溪、江安、黔江、庆符、屏山、纳溪、马边等地。民国及现代方志显示，云阳、丹棱、喜德、达县、长宁、兴文、汉源、绵阳、绵

---

① 嘉庆《纳溪县志》卷六《风俗志》。
② 民国《重修宣汉县志》卷十五《礼俗志》。
③ 同治《德阳县志》卷十八《风俗志》。
④ 民国《绵阳县志》卷一《疆域志》，风俗。
⑤ 四川省喜德县志编纂委员会编《喜德县志》，电子科技大学出版社，1992，第435页。

竹、城口、合川、灌县、中江、巴中、云阳、盐源、蓬溪等地亦
有办会。

七、太阳会

四川地区对太阳神的崇拜可以追溯到远古时代，金沙遗址和
三星堆出土的太阳神鸟、太阳树等文物，都与太阳崇拜相关①。
直至清代，有些地方仍然会祭祀太阳神，还会在太阳生日这天办
庙会。但不同区域的太阳诞辰并不相同，例如华北地区多为二月
初一，东南地区则为三月十九。赵世瑜、杜正贞认为东南沿海地
区的太阳诞期是抗清失败后的历史创造，是对明崇祯十七年
（1644）三月十九明朝末代皇帝朱由检自缢之日的历史记忆②。而
四川地区几乎都把十一月十九这天作为太阳神诞日，仅北川太阳
会为三月十九③，但目前没有资料显示北川地区的太阳会具有明
亡的历史隐喻。

江油太阳会这天，"各刹讽佛念经，乡人亦于是日虔礼而敬
祀焉"④。彭山"太阳神诞，士民演剧庆祝"⑤。清末成都地区的
太阳会期，居民焚香礼拜，"各街告白，大书特书太阳胜会，合
资演戏"，但已成为"供会首之酒食而已"⑥。筠连当天还会"延

①　黄剑华：《三星堆太阳崇拜探讨》，《中华文化论坛》2001年第2期。
②　赵世瑜、杜正贞：《太阳生日：东南沿海地区对崇祯之死的历史记忆》，
　　《北京师范大学学报（社会科学版）》1999年第6期。
③　北川县志编纂委员会编《北川县志》，方志出版社，1996，第731页。
④　道光《续纂江油县志》卷三《风俗志》。
⑤　嘉庆《彭山县志》卷三《风俗志》。
⑥　傅崇矩编《成都通览》（上册），巴蜀书社，1987，第554页。

道士设坛斋醮"①。彭山会期当日，乡人置米筛于地坝，筛中摆清水一碗，筷一双，外设香烛酒脯，于中午跪拜致祭②。除了江油、彭山、成都，太阳会还分布于金堂、冕宁、绥靖、青神等地区。

八、王爷会

四川江河纵横，险滩众多，川民需要水神来驱镇水患，保一方安澜，镇江王爷即是水神的一个典型代表。清代四川地区的王爷神有多种说法，如李冰、赵昱、杨泗将军、大禹等③。从笔者收集到的有关王爷会的资料来看，四川地区王爷会主要是祭祀大禹、杨泗将军④、李冰和许真君。祭祀杨泗将军的地方有德阳、南充、南溪、广安、灌县、江安、大邑等地；祭祀李冰的地方有蓬溪、合川等地；祭祀大禹的地方有绵阳、绵竹、名山、江津等地；祭祀许真君的地方有彭山等地。大禹、李冰均有治水之功，杨泗将军为斩蛟得道，保护舟民。许真君本为晋朝著名道士，至于为何成为王爷神，彭山有两种说法。一说许真君善治水，死后封镇江王爷。一说许真君是龙神，六月初六为洪汛险期，彭山县

---

① 民国《续修筠连县志》卷七《人文志》，风俗。

② 四川省彭山县志编纂委员会编《彭山县志》，巴蜀书社，1991，第616页。

③ 关于王爷神祇问题可参见罗成基：《镇江王爷姓氏初探》，《盐业史研究》1994年第4期；林移刚：《清代四川民间信仰地理研究》，博士学位论文，西南大学，2013，第41—45页。

④ 方志中常常写"杨四将军"，可能是误写。关于杨泗将军的来历及传播可参见张晓红：《区域信仰的本土化与地方信仰的转型——基于清代陕南杨泗将军信仰的考察》，《陕西师范大学学报（哲学社会科学版）》2008年第6期；黄芝岗：《中国的水神》，上海文艺出版社，1988。

民因此祈祷镇江王爷震慑江水，勿使成灾。其实，民间对"谁为
王爷神"也并不清楚，就统称之为王爷。光绪《蓬溪县续志》就
云"载在祀典之通祐王，然不知其谁何也，曰王爷而已"①。

（一）王爷会的活动内容与空间差异

王爷会，亦称镇江王爷会。庙会一般在王爷庙、杨泗将军
庙、紫云宫、楚人会馆等地方举办。川民一般认为六月初六是镇
江王爷生日，所以王爷会会期皆在六月（除了广安是六月初三办
会，其他地方皆于六月初六举办）。镇江王爷既为水神，则"近
水业贾必祭之"②，"米碾户、干菜行、药材帮、柴行、炭行、木
行、纸帮，无不设筵待客，或演戏，或念经"③。凡迷信水神者，
均虔诚礼拜。船帮尤为迷信，《南溪县志》就记载"舟人尤极虔
祷"④，会期"无论何人均不开船，醵资在王爷庙演戏酬神"⑤。
巫溪船帮"于是日割鸡赛神，停泊以相庆祝"⑥。茂县土门石王爷
会民俗活动比较有特色，会期各寨善男信女带上腊猪头、纸龙
袍、眼镜、靴帽等祭品前去祭祀、还愿。王爷庙至土门场口行道
两侧遍设摊点。青年男女打扮一新，趁赶会选择称心的对象，故

---

① 光绪《蓬溪县续志》卷一《物宜》。
② 光绪《蓬溪县续志》卷一《物宜》。
③ 傅崇矩编《成都通览》（上册），巴蜀书社，1987，第551页。
④ 同治《南溪县志》卷三《风俗志》。
⑤ 傅崇矩编《成都通览》（上册），巴蜀书社，1987，第551页。
⑥ 光绪《巫山县志》卷十五《风俗志》。

王爷会又有"六月六、看媳妇"之说①。

演戏酬神是王爷会比较普遍的活动。会期，成都"王爷庙演戏酬神"，德阳"凡市镇乡场皆演戏"②，南充"凡村市建有王爷庙者，是日率演戏酬神，醵饮而散"③，彭山"楚人会馆演剧庆祝"④，广安"各乡市码头立庙处，皆赛神演剧，紫云宫为最"⑤，蓬溪"演剧甚者，至逾旬"⑥。从这些史料还可以看出，一些州县有多处王爷庙，除了州县城内及附近建有王爷庙，乡村市镇也都有王爷庙，会期皆醵金庆祝。也就说明，清代办王爷会的地方远不止方志中记载的地方，乡村场镇、建有庙的码头都会举办王爷会，如灌县六月初六"各乡场祭杨将军庙，沿河尤盛"⑦。

（二）王爷会的地理分布

整体观之，王爷会分布于成都、犍为、德阳、南充、蓬溪、南溪、金堂、夹江、彭山、广安、新宁、灌县、江安、巫山等地区。这些地区大都有河流经过，岷江流过的成都、灌县、彭山、夹江、犍为，中江流过的德阳、金堂，长江干流的南溪、巫山。这样的分布特点也印证了王爷神是水神的说法，说明王爷庙、杨

---

① 四川省阿坝藏族羌族自治州茂汶羌族自治县地方志编纂委员会编《茂汶羌族自治县志》，四川辞书出版社，1997，第678页。

② 同治《德阳县志》卷十八《风俗志》。

③ 嘉庆《南充县志》卷一《舆地志》。

④ 嘉庆《彭山县志》卷三《风俗志》。

⑤ 宣统《广安州新志》卷三十四《风俗志》。

⑥ 光绪《蓬溪县续志》卷一《物宜》。

⑦ 光绪《增修灌县志》卷十一《风俗志》。

泗将军庙等具有多于河流边建庙的特点，"凡系水入之地"，"皆有庙宇焉"①。

禹王会与王爷会有密切关联。关联有二，一是两者都是四川地区的水神，民间对水神神祇莫衷一是，有相互混淆之嫌；二是禹王会期与王爷会期都有六月初六之说。酉阳、彭水、广安等地的禹王会"唯楚商或原籍两湖者行之，土人无与也"②，说明这里的禹王会是湖广移民所独有。其实，王爷神之一的杨泗将军信仰也是移民所带来，有可能是在元末明初才进入四川地区③，到了清代才普遍兴起举办王爷会。

---

①　罗成基：《镇江王爷姓氏初探》，《盐业史研究》1994 年第 4 期。
②　同治《增修酉阳直隶州总志》卷十九《风俗志》。
③　林移刚：《清代四川民间信仰地理研究》，博士学位论文，西南大学，2013，第 43 页。

第四章

清代四川庙会地理分布与功能的区域差异

依据前三章各个庙会的分布情况与四川的地理特征，笔者将四川庙会分布区划分为川西盆地区、川西高原区、川东区、川南区、川北区。川西盆地区包括龙安府的江油和彰明、绵州、成都府、邛州、眉州、资州的井研和嘉定府的西北部地区。川南区主要包括宁远府、叙州府、泸州和叙永厅。川东区主要包括潼川府、重庆府、夔州府、酉阳州等地区。川北区则包括保宁府、太平厅等地。剩下的西部高原地区为川西高原区。

前三章主要讨论了清代四川较为普遍的佛、道和地方信仰类庙会的活动内容和地理分布情况，本章则主要讨论两个问题。一是探讨前三章未涉及的各区内特有的庙会，并着重探讨少数民族的庙会分布情况，从而展现其区域特性。二是从庙会的娱乐功能与商贸功能来透视各区之间的区域性差异。

一、各区特有庙会的分布状况

根据清代四川各县庙会时间分布数量统计表（表5—1）的数据可知，一年之中川西盆地区共办会248次，川东区办会190次，川南区办会109次，川北区办会8次，川西高原办会11次。显然，从数量上来看，各区的差异比较明显，清代四川庙会最为兴盛的区域是川西盆地区。除了数量上的差异之外，各区内部还有一些分布较少的特有庙会。

（一）川西盆地区

"谷王会"祭祀谷神，主要分布于灌县、金堂、新繁等地，农民办会较多①。俗传正月二十为谷王诞，当日演剧赛神，并形成专门的农器市场。"凡乡农用具及竹木铁器，贩商云集陈列于场之内外，远近咸争趋之，谓之谷王会"②。

除太阳崇拜外，川西盆地区还有月神崇拜。八月中秋成都地区办"月光会"，"中秋之夜，家家市饼饵水果，大小向月膜拜。前后数日，各街合资演影戏酬神"。金堂月光会"游人甚多，约有十日之热闹"③。

"南天会"是温江县内特有的庙会，始于清乾隆年间。温江

---

① 筠连、剑阁两地也有谷王会的分布。
② 民国《新繁县志》卷四《礼俗》。
③ 傅崇矩编《成都通览》（上册），巴蜀书社，1987，第552页。

县城南郊白塔子有木刻南天菩萨一尊，据说是主宰南天之神，人们极为崇拜。平时香火旺盛，不断有人前往顶礼膜拜，于是把每年十月十六定为会期，会期三至七天，称南天会。届时将南天菩萨用八人大轿抬起，燃放鞭炮，鸣锣开道，由善男信女护驾转游，名为"菩萨出驾"。南天会期间，远近客商云集，茶房酒肆星罗棋布，各种商品琳琅满目。民国九年（1920）以后取消了南天菩萨"出驾"的仪式，仅保留庙会物资交流的内容①。

"种子会"是郫县的特色庙会，正月十一至二十七在安靖乡举行。相传明代开始举办庙会，正月十五为正期。庙会期间，川西各地都有人前往朝会。庙会内容除了祭神外，主要开展以农作物种子为大宗的物资交流。会期天不明即开始交易，双方用"亮油壶"照明看货。一般上市的种子，不仅种类多，而且质优粒饱，故成活率特别高。民间传说，土地堂的土地菩萨特别灵验，只要把种子拿到土地堂去转一转、摆一摆，就会长得特别好，故很多朝会者即使不卖种子，也要把种子带到会上去，称为寄窝②。新都也有类似的种子会，每年二月初一在木兰乡木兰寺办会，会期一般三天，最多七八天③。

瓦屋山是洪雅县内的名山，人们每年五、六、七月朝山拜佛，从而形成朝山香会。明清时期，瓦屋山上有二十多座庙宇，

---

① 四川省温江县志编纂委员会编《温江县志》，四川人民出版社，1990，第825—826页。

② 四川省郫县志编纂委员会编《郫县志》，四川人民出版社，1989，第729、824页。

③ 四川省新都县志编纂委员会编《新都县志》，四川人民出版社，1994，第915页。

供有以铜万斤铸成的"辟支佛"像,烧香还愿的善男信女和游客
络绎不绝,山会十分热闹。清代中叶开始衰落,此后僧去庙空,
游人渐断,朝山会中止①。

夹江每年在春分日要举行"长年会"。"二月遇春分日,农家
休息一日,不服田亩,工匠亦停工作,或有办会唱灯者,俗呼春
分节为长年会"②。

彰明青莲场内每年正月举办长寿会。长寿会祭祀的是文昌
神,会期"舆辇巡游街道",亦祈长寿③。

彭县正月初六至初八举办"猫庙会",朝猫庙,供奉神猫④。

邛崃民众为了纪念魏了翁,于每年三月十四举办"了翁会"⑤。

雅安城隍会之后还有"袍会","神不出驾,异其袍服,前列
巨烛奏乐导迎"⑥。

（二）　川东区

川东云阳的云安盐场、巫溪的大宁盐场等地有"龙君会",
据说是比较古老的庙会。盐民认为盐卤归龙神管,为卤水丰沛,
建有龙君庙,每年六月十三祭祀龙神,并摆酒席庆祝。大宁盐场
还有"绞篊会",由于大宁盐场位于后溪河畔,为解决盐卤过河

---

① 洪雅县地方志编纂委员会编《洪雅县志》,电子科技大学出版社,1997,
　　第894页。
② 民国《夹江县志》卷二《方舆志》。
③ 同治《彰明县志》卷十九《风俗志》。
④ 四川省彭县志编纂委员会编《彭县志》,四川人民出版社,1989,第839页。
⑤ 民国《邛崃县志》卷四《风俗志》。
⑥ 光绪《雅安历史》卷四《风俗篇》。

难题，人们用竹篾绞织成碗口粗的牵藤，绷紧固定在两岸，然后将竹枧吊在其上，称之为笕。再将北岸龙池的卤水引到南岸，谓之过笕。因笕是粗藤篾条绞织而成，难以安装，需用绞车拖拽，故而又称过笕为绞笕。每年十月初一换笕时，官员到场与民同庆，热闹非凡①。

新宁每年六月二十三举办"马王会"。清代四川对马王的信仰基本上流行于川东北和川西地区，并不是新宁特有，但与成都平原地区的骡马会（主要是交易马匹）相比②，新宁马王会有所不同，主要体现为对马神的崇拜，是祭祀型庙会，非贸易型庙会③。

忠州地区保留有纪念巴蔓子的庙会，于每年三月举办，称三月会。巴蔓子是东周末期的巴国将军，战国时巴国内乱，巴蔓子向楚国求救，并以三城为酬。事后，巴蔓子并未交城，但以头颅报楚。后人认为巴蔓子以头留城，为忠信两全，因此祭祀成会。抗日战争爆发后，三月会活动停办④。

大足宝顶山香会是川东地区历史最久、声势最大的庙会。正月中旬至三月初均为会期，二月初一、十五、十九上山拜佛的最多，特别是二月十九观音菩萨生诞，香客最多。香客来自省内各州府县，外及云贵陕等各省，"附近各县善男信女往来进香拜佛者约十万人"⑤。

---

① 刘卫国：《渝东盐场的民俗节》，载《盐文化研究论丛》（第一辑），巴蜀书社，2005。
② 如郫县、双流、崇宁三县都有骡马会，参见傅崇矩编《成都通览》（上册），巴蜀书社，1987，第73页。
③ 同治《新宁县志》卷三《风俗志》。
④ 忠县志编纂委员会编《忠县志》，四川辞书出版社，1994，第638页。
⑤ 大足县县志编修委员会编《大足县志》，方志出版社，1996，第233页。

酉阳于九月办"三抚会"，民众"皆醵钱购香帛，酒馔祀神，遇有优伶，则演剧"①。

渠县每年十一月还有"草王会"，"冬至日相传畛夫耕田，草根可以永除，名为草王会"②。

（三）川南区

盐源地区的汉族群众在六月二十四举行"火把会"。火把节本来是彝族、白族、纳西族、基诺族、拉祜族等的传统节日，"今夷俗以此日祭其先，而汉民亦然火树，曰火把会"③，这是民族文化交融的体现。

叙永六月上旬要举办"天堂会"。当天在各乡村的天堂庙办会，杀猪一头，祭祀天堂菩萨（谷神），求保丰收，免除旱涝、虫害。然后分成若干块，编定号数，参与的人抓阄，对号提肉，得二刀腿子的人为下年会首，余下的杂碎等煮一锅，大家共食，尽欢而散④。

（四）川北区

"赛台会"是阆中特有的庙会，三月二十八在太清观举办。"赛台会者，城东之太清观，古香城寺旧址也。内之为殿者五，

---

① 同治《增修酉阳直隶州总志》卷十九《风俗志》。
② 民国《渠县志》卷五《礼俗志》。
③ 光绪《盐源县志》卷十一《风俗志》。
④ 四川省叙永县志编纂委员会编《叙永县志》，方志出版社，1998，第673页。

外之为戏台者三，三月二十七至二十九日各台同时演戏，互相夸耀。二十八日神像出游，亦如府城隍之仪"①。到了清末，"午县令侯公利用其名，移其期于五月瘟祖会日举行，征集远近贩卖品同在是地相比赛，颇合今日赛会名实，惟规模较小耳。惜仅是年举行一次，以后无复嗣音矣"②。

（五）川西高原区

川西高原区庙会的民族交融特点比较突出，很多庙会当地各族均可参与，如薛城、杂谷脑、通化等地在正月十五举办的"菩萨会"。届时人们会抬菩萨逛街，尤以薛城最为隆重。正月初六寺庙首事，去南沟灵佑祠卜卦，向神灵请示出驾日期。届时将灵佑祠供奉的川主、上主（唐西川节度使李德裕）、策公（楞）、岳公（宗祺）、二郎和吴大老爷迎至城隍庙，正月十五才抬送回灵佑祠，叫回銮。是日各族男女老少都身着盛装赶来祭拜，各行会要沿街摆供，并要装扮川剧片段场景的平台或高桩以教愚化贤。龙灯、狮灯尾随在菩萨后面沿街挥舞，每户香烟缭绕，黄烟弥漫，鞭炮声、锣鼓声响成一片，历时几个小时才能将几尊神像抬回灵佑祠③。

茂县"叠溪庙会"较为有名，七月十三办会。清末民初，每年七月茂县周边乡民背运药材、皮毛进城赶会，会期人们将城隍

---

① 咸丰《阆中县志》卷三《风俗志》。
② 民国《阆中县志》卷十一《风俗志》。
③ 参见理县志编纂委员会编《理县志》，四川民族出版社，1997，第752、753页。

老爷抬至东门外南坛庙，七月十五"鬼节"这天又抬回城隍庙。一路舞龙灯、耍狮子，鞭炮唢呐不断，人山人海，热闹异常①。

松潘较大的庙会有"黄龙寺庙会"和"张公会"。黄龙寺庙会每年六月初十至十五举行，届时青海、甘肃等地羌、藏、回、汉各族群众，纷纷着民族节日盛装，乘骏马，带帐篷及各种土特产，陆续赶到黄龙寺参会。民国《松潘县志》记载庙会期间，"远近晋香者络绎于道，番人尤多，故邑人亦各携帐篷，具酒肴结伴往观。番儿歌舞，极一时视听之娱"。张公会祭祀的是松潘直隶厅同知张古虔，由于"咸丰庚申夷变"，张古虔殉难，松人感其忠节，绣像祀之。每年七月初七"鼓乐仪仗，异公像出巡，士民持香卫送"②，庙会而兴。此外，位于川西高原区的康定还有"羊年会"等。

川西高原的庙会类型复杂，一方面是由于汉族群众不断迁入，汉族庙会变多，如道光《绥靖屯志》风俗志中记载的都是汉族庙会；另一方面是由于明清时期"吐蕃佛教发展迅速"，"藏传佛教在川西北大兴起来"③，藏传佛教类庙会也发展起来。随着汉族和藏、彝等少数民族的相互交融，各自民族庙会的参与界限也就逐渐被打破。以康定地区为例，很多庙会汉族、藏族群众都要参与其中。如郭达将军庙会，"（六月十五）相传为郭达将军生日，汉藏群众都虔诚信仰，尤以藏族信者为多。届时举行盛会，

① 四川省阿坝藏族羌族自治州茂汶羌族自治县地方志编纂委员会编《茂汶羌族自治县志》，四川辞书出版社，1997，第679页。
② 民国《松潘县志》卷一《风俗》。
③ 蓝勇：《西南历史文化地理》，西南师范大学出版社，1997，第211页。

演戏酬神，将军菩萨出驾，四乡群众皆至，十分热闹"①。康定浴佛会"是日汉、康士女大多出游南郊较场及附近喇嘛寺，往来如织，篷帐纷立"②。娘娘会"藏、汉群众作为喜庆都乐意接受"③。汉族、藏族群众通过庙会这种形式不断交流与融合，庙会促进民族融合的作用也就被凸显出来了。

二、少数民族庙会的区域分布

上一部分已经涉及少数民族的庙会，但并未详议，因此本节专门论述。清代四川是一个多民族聚居地，特别是川东南、川南、川西高原等地区。嘉庆《四川通志》云"叙、泸、松、茂、重、夔、黎、雅、宁远之间，夷汉杂居，抚绥尤为不易"④。这些地方主要分布着土家族、苗族、彝族、藏族、羌族等少数民族，他们有各自的民族节日，而一些宗教类节日则发展成了庙会。清代川西高原、川南、川东南早有移民进入，所以有些庙会都会有汉族群众或其他民族的群众参与其中，庙会对社会的整合作用凸显。下面选取一些比较典型的庙会，分而述之。

---

① 四川省康定县志编纂委员会编《康定县志》，四川辞书出版社，1995，第464页。
② 李亦人编《西康综览》第十三编第五章，康民之集会。
③ 四川省康定县志编纂委员会编《康定县志》，四川辞书出版社，1995，第464页。
④ 嘉庆《四川通志》（第一册），巴蜀书社，1984，第18页。

（一） 土家族、苗族的牛王会

土家族、苗族的牛王会与汉族的牛王会有所不同。首先，各自会期不同。汉族的牛王会十月初一举办，而土家族、苗族的牛王会四月初八办会。其次，所祭祀的牛神的故事不同。

以西阳地区为例，《酉阳县志》记载了汉族的故事和祭祀活动，"人们为了感谢耕牛，把耕牛化为神，特立牛王庙作为祭祀，以求其保护。每年这一天，农民要杀猪，做米粑享祭牛王，喂养的耕牛，这一天也不下地耕作，饲喂熟食、精料，以示慰劳"①。而《酉阳土家族苗族自治县概况》记载了土家族、苗族的不同故事，他们有着自己关于牛王神的传说："（四月初八）一说是牛王生日，一说是土家族先民在战争中失败了，退却时在一条河边过不去。在这万分危急的时刻，一条水牛游过来了。他们拉着牛尾巴过河，脱离了险境，牛救了他们的性命。以后到了这一天，土家人民要杀猪宰羊，做米粑，来祭祀牛王。所有耕牛要休息，给喂好的饲料。"②《黔江县志》还分别记载了土家族和苗族的牛王故事。"土家族敬奉牛王菩萨，传说有一年四月八，土家人战败，退到一条河边，又遇河中涨水，进退两难之际，一头大水牛过河，大家拉着牛尾巴过了河，后来便把这一天作为纪念日。其说二，古代有一苗族首领叫亚宜，在某年联络各寨头人起事，反抗

---

① 《酉阳县志》编纂委员会编《酉阳县志》，重庆出版社，2002，第609页。
② 《酉阳土家族苗族自治县概况》编写组编《酉阳土家族苗族自治县概况》，民族出版社，2008，第28页。

统治者的压迫,于次年四月八日不幸牺牲。苗族人民为了追悼这位英雄,每年农历四月初八均要举行纪念活动"①。

很显然这样的传说讲的应该是族群部落之间的冲突,并不是发生在民国时期,应该是早于清代。而这些民族在四月初八祭祀和办牛王会应该也是早于民国时期的,至少清代就有地方在办会。不管故事有多少种版本,都是在突出"牛"对土家族和苗族的重要性,随着他们对牛的崇拜与感恩的不断增加,每年四月初八举行的祭祀、演剧等酬牛神活动也更加隆重。

(二) 羌族庙会

1. 祭山会

祭山会是羌族保留至今的传统祭会。是祈祷天、地、人间诸神,保佑羌人六畜兴旺、五谷丰登、森林茂盛、地方太平、百事顺遂的大典。除了丧家,有产妇的人家不能参加,寨内 12 岁以上男性都要参加。绵虒、龙溪、雁门等地因各地农事季节不同,祭祀日期不同,但多在春秋二季。龙溪、绵虒在农历八月初举行,雁门在四月举行。祭会大多以一村一寨为单位,举行前,由轮流担任的会首筹备,会首约请几位得力助手协助。祭山会在村寨人群附近的神树空地(还愿坪)处举行,祭祀处修有石塔立有杉杆,人群集中处立有数个代表神的白石,祭祀由"释比"主持。"释比"借助神的旨意向年轻一代讲述羌族祖宗艰苦创业的

---

① 四川省黔江土家族苗族自治县志编纂委员会编《黔江县志》,中国社会出版社,1994,第 609 页。

历史，强调要团结友爱、惩恶扬善等。会中还会举行跳锅庄、唱山歌等娱乐活动①。祭山会分布于汶川、茂县等川西地区。

2. 山王会

理县每年八月十四在山王庙办山王会，县属羌族村寨较为盛行，参加者只有本寨人，会期"禁路"三天，以插白旗和堆柏桠为记，违者赔偿会期费用。会中以酬谢山王保佑丰收，议定护秋办法为主要内容，还要念经作法，饮酒吃肉等②。

（三）藏族庙会

1. 哑巴会

哑巴会即佛诞节，藏族男女在四月十三至十五都要去寺院转经。会期三天，第一天喇嘛和参与庙会的信众都只能吃一餐饭，第二天不食、不饮、不说话，第三天早上经主事喇嘛念经，"开口会"后，才能说话和进食。会首轮流担任，一年一任（在大寺庙则由主持办理），凡参加者自愿上贡③。

2. 元（圆）根会

十月二十五为黄教祖师宗喀巴成道之日。"无论僧俗均必举行庆祝，尤以喇嘛寺陈设辉煌，更形紧张。至是日夜，或家或庙均以无数圆根掏空灌以素油，燃以引线，灯火万家，光明如昼，

---

① 四川省阿坝藏族羌族自治州汶川县地方志编纂委员会编《汶川县志》，民族出版社，1992，第798页。
② 理县志编纂委员会编《理县志》，四川民族出版社，1997，第770页。
③ 理县志编纂委员会编《理县志》，四川民族出版社，1997，第762、771页。

而青年男女借出外观灯为名，而达其桑间濮上之约。"① 汉族群众也都点灯敬佛。元根会分布于理县、康定、宝兴等地区。

3. 宗喀巴出巡会

宝兴永寿寺于正月十七办宗喀巴出巡会。"是日，各村寨喇嘛到寺里举行法事，抬着菩萨出巡。各村寨藏民身着鲜艳的民族服装，齐集磽碛，顶礼膜拜。入夜，跳起锅庄舞通宵达旦"②。

4. 出丛会

出丛会是汶川县内藏族独特的大集会。正月初九土司所属 28 寨首领，率男丁来土司公署（涂禹山）在公署东侧迎春坝集会。土司面东而坐，喇嘛向北焚香燃烛，拜叩各寨山神。在坝周树上挂羊数只，由杀羊人取出心腹盛在盘中，如心脏仍在颤动，即示四季平安一切均好，反之为不祥。土司叩拜神灵，并向南焚香，各寨首领向土司祝喜，众藏民举枪鸣放，最后分羊肉给各寨首带回献祀山神。会前会后，土司还向寨首交办护山守寨、纳粮差役、狩猎务农等事项③。

5. 泽比几会

宁玛派德切朗寺庙六月初一至十三为"泽比几"，是为庆祝莲花生诞，会况空前。此间僧侣、教民云集，寺周帐篷毗连④。黑水县一般于六月在德切朗寺庙、奶子沟庙举行。

---

① 李亦人编《西康综览》第十三编第五章，康民之集会。
② 四川省宝兴县地方志编纂委员会编《宝兴县志》，方志出版社，2000，第477页。
③ 四川省阿坝藏族羌族自治州汶川县地方志编纂委员会编《汶川县志》，民族出版社，1992，第797页。
④ 四川省阿坝藏族羌族自治州黑水县地方志编纂委员会编《黑水县志》，民族出版社，1993，第593页。

藏族的庙会还有马尔康地区的泽布吉庙会、让古寺庙会，黑水的绒雀会、多基巴惹会、扑尔巴会，等等。

少数民族庙会是与其各自独特的信仰相关的，土家族和苗族对耕牛的崇拜，从而形成了不同于汉族的牛王会。羌族的自然崇拜中对山、石的崇拜比较常见，从而形成了祭山会、山王会等。藏族庙会跟藏传佛教是有关联的，其庙会一般以宗教节日为基础，并以藏传佛教寺庙为中心形成和发展而来。

三、庙会娱乐性的区域差异

本节从庙会的娱乐功能来探讨四川各地庙会的空间差异，分析其形成因素。演戏巡神等庙会活动最初是敬神、酬神的重要内容，到了清代已经发展成全民性的娱乐活动。娱乐的方式有很多，但主要是演戏和巡神两种形式。

戏剧是人们娱乐消遣的方式，人们为了感谢神灵的庇佑，在每年办庙会时，会首请戏班前来演戏，借酬神以娱人，视为盛事。各地的人们在寺庙、会馆等地方修建戏台，没有戏台的地方就在庙前空坝处搭台演戏。如广安办土地会时，就临街搭台演戏，合川东水门外的观音会也在河坝上搭台演戏。演戏少则一两天多则月余，一般以城隍会为最。城市演戏以演川剧为多，乡村则多演杂剧、傀儡戏。

川剧有四大流派：川西坝、川北河、资阳河、下川东，称之为四条河道。他们各自有各自的演戏区域。川西坝以成都为中心，川北河以南充为中心，资阳河以资州为中心，下川东以重庆为中心。其演戏的区域虽然没有明显的界限，但是有一个相对较为流行的区域，如资阳河就有俗语"艺人不下东，下东要落空"的说法。庙会中的杂剧主要有傩戏、灯戏、皮影戏等。傩戏俗称"端公戏"，多活动于偏僻的农村。灯戏是各地都有，川北最有特色。皮影戏有川西灯影和川北灯影两种，川西灯影主要分布于以成都为中心的川西地区，川北灯影分布于南充、绵阳、广元、达县等地区①。戏剧和杂剧的地域分布也就构成了庙会娱乐活动的空间差异。

表 4—1　清代四川庙会娱乐活动记载数量统计表

区域	娱乐	
	演戏	巡神
川西盆地	73	15
川南区	5	11
川东区	37	5
川北区	3	3

注：本表"数量"指本书"附录：清代四川庙会史料汇编"中所记载的相关次数。

如果我们把方志中有庙会演戏和巡神的资料做一个统计（见表 4—1），就会发现清代四川各区庙会活动的特点。川西盆地有记载演戏的次数达到了 73 次，居首位，其次是川东地区，有 37 次，而川南与川北则很少记载。再从巡神来看，川西盆地和川南区的次数在 10 次以上，而川东和川北则在 5 次及以下。川北区与川西高原区清代方志资料较少，所以相关数据也就较少。上述统

①　四川省地方志编纂委员会编《四川省志·民俗志》，四川人民出版社，2000，第 514—582 页。

计的数据显示出如下特点：

（1）从娱乐方式上来说，清代四川庙会以演戏为主，巡神为辅。

（2）从地域分布上讲，川西盆地的庙会娱乐性盛于其他区。

（3）川东区多演戏而少游神，川南区重游神而轻演戏。

造成上述特点的原因有以下几个方面：

（1）演戏是庙会普遍都有的活动内容，其目的是酬神。但不是所有庙会都会巡神，只有有守土之责的神才有资格出巡。最典型的就是城隍会时的城隍出巡。城隍神是城市的守护神，明代就被定了与阳间现实官级对等的品级，并赋予了监察地方之责。城隍被人们认为可镇管一切鬼怪，守卫本境平安，每年有三次巡游。所以，从数量上讲，巡神的次数肯定是比演戏次数少的。

（2）川西盆地区以成都平原为核心区，自古盛行娱乐之风，各类迎神赛会皆多娱乐内容，"每年逢神会必演戏庆祝"①，共享盛会。川西盆地区"居民尚游乐"②，迎神赛会是"该地区游乐的最主要的体现和最重要的空间载体"③。

（3）对于"川东多演戏，川南多游神"的形成原因还需进一步探索。可能是川东区游神之风弱于川南地区，川南地区举办游神类庙会比较多，其游神之风更盛一些。

---

① 道光《新津县志》卷十五《风俗》。

② 蓝勇：《西南历史文化地理》，西南师范大学出版社，1997，第 475 页。

③ 林移刚：《清代四川民间信仰地理研究》，博士学位论文，西南大学，2013，第 184 页。

四、庙会商贸性的区域差异

庙会的商业贸易功能很早就被学者注意到，并直接称庙会为庙市①。庙会期间聚集了各地的与会者，常常是"人满为患"，这恰恰为商贩兜售商品提供了重要的基础。一到庙会的时候，百货鳞萃，无所不有，从而形成了庙市。从表4－2来看，庙会史料中有关商业贸易的记载总共有34次。川西盆地有28次记载，川东有4次，川南有2次。这样的数据直接反映出川西盆地区的庙会市场最为兴盛，其他各区庙会的商贸功能均不太强。造成上述特点的原因有以下两点：

第一，由于修志者略记了庙市的资料，各地记载的数量较少。清代四川方志大都在风俗志中记载庙会，基本上不会将庙会记载于场市之中，说明在当时人的心目中庙会娱乐性更重要一些，也就记载得更多一些。当然，上述的数据只是庙会商贸活动的一个影子，并不能全面反映真实情况。由于方志资料的局限性，表中数据才显现出川东、川南、川北和川西高原区基本上没有庙市的存在。也正是由于方志资料的局限性，又使这个数据能够折射出庙市的区域差异性。之所以这样说，是因为清代四川的方志体例上都相似，所记载的条目也有相似之处，略记的情况也普遍存在，正是这"普遍存在"才使得残留下来的记载有了样本意义。所以表中反映出川西盆地区庙市经济比较发达，而其他区域庙市经济性相对较弱的特点，应该是清代四川庙市区域差异的

① 全汉昇：《中国庙市之史的考察》，《食货》1934年第2期。

总体体现。而且从方志中对庙市的描述上也能体现出川西盆地区庙市功能较强的特点。

第二，川西盆地区庙会举办数量、经济发展水平和人口数量决定了这一区庙会市场的繁荣。办会次数多也就为商贩提供更多的商贸平台，人口的多寡直接决定了参会人数的多少。参会人数越多，则形成的购买力越强。川西盆地区一年办会 247 次，面积大概有 39014 平方千米，约有 973 万人[1]，也是四川城镇数量最集中的区域，这些优势是其他区域没有的。赵世瑜比较华北与江南的庙会后发现，江南地区庙会市场性比华北弱。进而认为由于江南市镇发展程度比较高，市镇覆盖面积较大，人们的日常需求在平时的市场上就可以买到，所以，庙会的经济功能就被商业贸易市场取代[2]。这种观点并不适合解释清代四川各地区的差异性。

表 4－2　清代四川庙会商贸活动记载数量统计表

区域	商贸		
	农器	百货	其他
川西盆地	10	5	13
川南区	1	/	1
川东区	/	/	4
川北区	/	/	/

注：本表"数量"是指本书"附录：清代四川庙会史料汇编"中所记载的相关次数。

---

[1] 面积和人口数根据复旦大学历史地理研究所"中国人口地理信息系统" GIS 提供的数据估算，雅州府东北部是雅州府府治所在，主要的县也集中在此地区，所以人口数适当做了调整。

[2] 赵世瑜：《狂欢与日常：明清以来的庙会与民间社会》，生活·读书·新知三联书店，2002，第 219 页。

清代四川庙会与人口、经济水平的关系是：人口数量越多，经济发展水平越高，则举办庙会的次数也就越多，庙会市场也就越旺盛。庙会的市场性与人口数量、经济发展水平成正相关。

对比表4－2中庙会娱乐与商贸记载的次数，我们发现清代四川庙会的娱乐功能强于商贸功能。再阅读方志史料亦能得出相同的结论。按传统的观点应该是庙会的市场性更强一些。那什么因素导致了这样的情况出现呢？

一方面是由于修志者在记载庙会市场性时比较简略，在修志者的眼中可能娱乐性才是他们记载的重点，在当时民众心目中也可能是这么认为的。笔者从搜集到民国四川的庙会资料来看，民国时期有关庙会的市场性记载明显多了很多。如果从传承上讲，可能清代四川庙会的商业性还是很繁盛的，当然不排除民国时期四川庙会的市场性发展更好的情况。

另一方面，庙会带有"狂欢"的性质，人们乐于举办和参与庙会中的娱乐项目。庙会为人们"狂欢"提供了场所和理由。庙会场所打破了平时各种行为规范，让人们能够通过参与庙会来调剂压抑而平淡的生活。所以，很多地区在筹集庙会资金的时候，一般都不吝啬。如资阳城隍会时，需要从省城请戏班"约费千余金"，人们仍然"岁以为常，而邑人欣助"①。所以，在人们心目中更希望多举办一些娱乐性活动。

在庙会的市场中还形成一些专卖的市场，如卖农器、花卉、百货等。四月初八放生会时成都等地区还形成了专门卖鱼、鳅、鳝、螺、龟、蟹、蚌的市场，由于需求量大，以至于出现了上游

---

① 嘉庆《资阳县志》卷二《风俗志》。

放生，下游打捞的现象。表 4－2 中的数据显示出，川西盆地区是卖农器最多的地区。如成都地区老君会时，形成了"售农器之总市"，土地会以"售兰草为大宗货品"①。彰明梓潼会、罗汉洞会、东岳会、关圣会、川主会皆要"鬻农器"②，其他区则较少。

---

①　傅崇矩编《成都通览》（上册），巴蜀书社，1987，第72—73页。
②　同治《彰明县志》卷十九《风俗志》。

第五章

清代四川庙会的会期与总体分布特征

这一章主要是讨论两个问题：一是从总体上分析庙会会期的时间分布情况及其特点，二是以县级为单位统计出各县庙会的数量①，探究其分布的总体特征。笔者根据清代方志资料，做了清代四川各县每月庙会数量统计表（表5-1）：

表5-1　清代四川各县庙会时间分布数量统计表

县	春季			夏季			秋季			冬季			不详	合计
	一月	二月	三月	四月	五月	六月	七月	八月	九月	十月	十一月	十二月		
成都	1	6	2	2	1	2	4	3	2	2	1			26

---

① 这里解释一下为什么要以"县"为单位来统计庙会，因为清代四川地区的方志，在记载庙会的时候，并不记载详细的地点。所以，很大一部分庙会地是不能准确定位的，但是所记载的庙会肯定是属于这个县的，为此，本书把统计尺度拉到县一级。

续表

县	春季			夏季			秋季			冬季			不详	合计
	一月	二月	三月	四月	五月	六月	七月	八月	九月	十月	十一月	十二月		
华阳		2	1	1			1			1				6
双流			1		1								1	3
温江	1	1	1	1	1	1	2							8
新繁				1		1	1				1	1		5
金堂	1	1	5	2	2	5	3		4	1	2			26
新都		1			1	1	1							4
灌县	1		1	1	1	3	2			2				11
崇宁	1		1		1									3
新津	2	1		2	2					1				8
什邡				1				1		1				3
汉州	1	1	1	2	2		1	1		2				11
乐山				1	1	1								3
峨眉		1	1	1	1		1						1	6
洪雅		1		2	2		2							7
夹江	2	1	2	1	2	3	1	1	2	1				16
犍为				1										1
荣县	1			1	1									3
奉节		1		1			1		1					4
大宁	2	1		1			1		1	1			1	8
云阳		1		1	1									4
万县		2			1	2	1	1						7
巫山				1	1	1	1							4

续表

县	春季			夏季			秋季			冬季			不详	合计
	一月	二月	三月	四月	五月	六月	七月	八月	九月	十月	十一月	十二月		
江油		2		1	1	1	1				1	1		8
彰明	1	2	2		2	1					1			9
绵州	1	1		1				1						4
德阳	2	1	2	2	1	3	1	1	1	1			2	17
绥靖	1		2		2	2	1				1	1		10
眉州		1			1	2								4
丹棱		1		1	2	1	1				1			7
彭山		1	1	1	1	3	1	1		1	1	1		12
青神	1	3	1	2	2	2	2		1	1	1			16
邛州		1		1	2	1								5
大邑		1	4	1	1	3	1	1	1					13
蒲江		1	1		1	2								5
西昌	1	1												2
冕宁		1	1		1	2	1				1	1		8
盐源	2	3	1			2	1		2					11
会理							1		1					2
越巂		1	2		2	1								6
南充	1	1		1	2	1							2	8
营山		2		1	4	1		1				1		10
仪陇			1	1	1									3
岳池												1		1
广安	3	3	2	4	3	5	1	3	2			1		27

续表

县	春季			夏季			秋季			冬季			不详	合计
	一月	二月	三月	四月	五月	六月	七月	八月	九月	十月	十一月	十二月		
新宁		2		2	2	2	2							10
太平	1	2												3
三台							1							1
射洪	1			1			1							3
盐亭		1			1		1							3
中江							1							1
蓬溪	1	2		1	1	3	1		1					10
安县							1							1
纳溪		1		1		1	1	1		1				6
江安		1		1		2	2			1				7
合江				1										2
叙州				1			1			1				3
南溪	1	2	1	1	1	3	2	1	1	1				14
隆昌							1							1
长宁		1		1		1	1							4
高县			1	1			1			1				4
筇连			2	1		1	1			1			1	7
珙县		1				1								2
屏山		1		1		2		2						6
马边		1		1	1	1		2						6
雅安			1		1	1			2					5
名山			1										2	3

续表

县	春季			夏季			秋季			冬季			不详	合计
	一月	二月	三月	四月	五月	六月	七月	八月	九月	十月	十一月	十二月		
天全		1	3	1	1		1							7
理塘						1								1
酉阳		2		1	1	2	1	1	1					9
秀山			1											1
黔江		1		1		1	1	2	1					7
彭水		2		1	1	2	1	1	1					9
忠州		1					1	1						3
丰都		1			1									2
垫江	1	1		2	1	1	1	1	1					9
梁山		1			1	1								3
巴县		1					1	1			1			4
江津		1				1								2
长寿							1				1			2
綦江	1	1				1	1							4
南川		1					1							2
铜梁		1		2	1		1							5
璧山		1						1	1		1			4
定远			1				1							2
合州		1	1				1							3
涪州		1			1		1							3
江北		1					1				1			3
资阳			1		1				1					3

续表

县	春季			夏季			秋季			冬季			不详	合计
	一月	二月	三月	四月	五月	六月	七月	八月	九月	十月	十一月	十二月		
井研		2			1	2	1							6
阆中		2		1				1						4
广元							1							1
合计	32	83	51	64	68	84	75	28	27	30	9	4	11	566

注：本表根据本书"附录：清代四川庙会史料汇编"整理。图表中的县级政区名以照方志名称为准。政区变化参照蒲孝荣著《四川政区沿革与治地今释》（四川人民出版社，1986）一书。府属的厅、州和县，均作县级政区。表中月份为农历。表中"不详"一栏表示资料中没有庙会会期的记载或表示会期不确定的庙会数量。"合计"栏表示此县庙会数量总数。不填表示史料中没有相关记载。不同资料记载同一庙会者，只计算一次。同一名称庙会，地点不同或会期不同者，则分开计算。若府、州一级方志的庙会资料未具体说明是哪一个县，则算在治地县中。

一、庙会时间的分布特征

从整体上看，清代四川各月均有庙会举办，但各月庙会分布又很不平均。

根据表5-1可知，一年之中，正月办会32次，二月办会83次，三月办会51次，四月办会64次，五月办会68次，六月办会84次，七月办会75次，八月办会28次，九月办会27次，十月办会30次，十一月办会9次，十二月办会4次。将这些数据绘制成曲线图（图1），我们更能清晰地了解清代四川庙会的时间分布情况。图中峰值出现在二月和六月，两月均在80次以上。三、

四、五、七月办会次数都超过了 50 次，正、八、九、十月办会 30 次左右，十一、十二月办会次数均在 10 次以下。

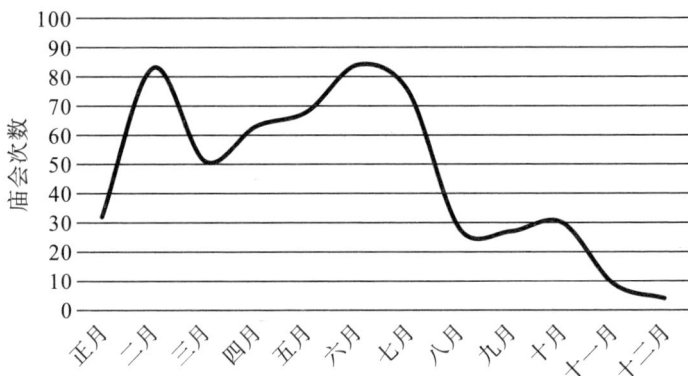

图 1　清代四川庙会时间分布图

按季节来说（图2），春季办会 166 次，约占 29％。夏季办会 216 次，约占 38％。秋季办会 130 次，约占 23％。冬季 43 次，约占 8％次。很明显，清代四川庙会多集中在夏季举办。

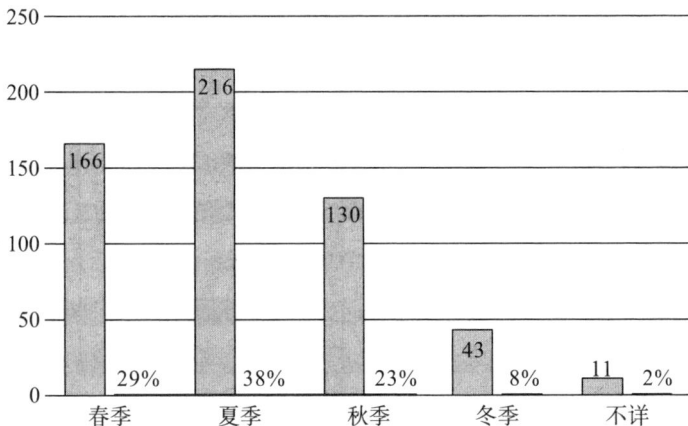

图 2　清代四川庙会季节分布图

清代四川庙会时间分布特点形成的原因大概有两点。

第一，庙会会期的时间分布特征体现了"不违农时""顺应农事"的原则。二月和六月是办会最多的两月。二月城市多文昌会、祛瘟清醮会等，乡村多土地会、春社会等。二月乡村正是准备春耕开播的时期，这些庙会正好为乡民提供了购买农器或种子的市场。如成都二月十五至三月初一的二仙庵花会，"此会相沿已久，而为售农器之总市"①。六月"耕耘已毕"②，人们则趁机放松、娱乐。特别是乡村六月举行的青苗土地会，"赛青苗，祈秋成。祭毕，合饮而散"③。六月还有"农家最重此会"的川主会，城乡都要举行祭祀和酬神，以祈祷川主神保佑今年风调雨顺。

其实，体现不违农时原则的庙会大都是乡村庙会，城里的庙会受这一限制的影响较小。比如说三月大部分地区已经农事渐忙，但仍有五十多个州、县在办会，这些会大部分是在城市中举行的。虽然农时原则对城市庙会影响较小，但并不是说就没有影响，影响主要是体现在较为大型的庙会上。凡是较为大型的庙会，乡民也要前来赶会。就城隍会来说，各地的城隍会基本上是当地最大规模的庙会，会期内"各乡民醵金结社，入城与会"④。城中"乡民云集"⑤。除了农忙，人们还受其他事情的限制。如《营山县志》记载"自九月至十二月，买卖田地制办婚嫁，女纺

---

① 傅崇矩编《成都通览》（上册），巴蜀书社，1987，第73页。
② 同治《营山县志》卷十《舆地志》。
③ 嘉庆《眉州属志》卷九《风土志》。
④ 道光《蓬溪县志》卷十五《风俗》。
⑤ 嘉庆《马边厅志略》卷四《人物志》。

男织，勤苦倍甚。铺户亦陈百货朝夕经济，无赛会之事"①，因此九月至十二月，庙会较少举办。

第二，形成这种时间分布特征的很大一部分因素是受到宗教节日或祭祀传统的影响。庙会会期的确定大都是因"民于诸神，或生日，或塑像始期，皆谓之赛"②。民众对于神诞之期是有着敬畏之心的，一般不会随意更改。虽然同一种庙会，在各地的会期有差异，但这并不能说明会期确定之后，人们会随意更改神诞之期。特别是传统宗教节日一旦形成，一个区域范围内则形成了一个定期，不会随意更改。例如，四月初八的浴佛会、七月半的盂兰盆会、二月初三的文昌会等。

那么，我们怎么来理解会期的确定、地区差异与变动呢？会期大都是神诞之期、得道涅槃之期、塑像始期等，而造成同一种庙会的区域差异的因素，则因地、因神而异。如城隍会，各地的城隍神并不是统一的，是由各地官方或民众认定的具体人物，那么各地神诞之期本身存在差别，各地的会期自然也就不同。特别是土主会、川主会、土地会等民间气息较为浓厚的神会，都有这种因素的存在。反观较为古老的一些庙会，如盂兰盆会、放生会、上九会、关帝会、文昌会、春秋社等会期的差异则较小。

二、庙会会期的特征

庙会一般是以年为周期的，办的时期为会期。会期确定的

① 同治《营山县志》卷十《舆地志》。
② 嘉庆《夹江县志》卷二《方舆志》。

因素比较多，一般是神诞、涅槃、得道的日期，人们将这些日期
定为庙会的正期。各个庙会的会期长短并不一样，就算同一种庙
会，各地会期也有差别。清代四川方志中很多都只记载了庙会正
期，但我们不能因此就认为庙会的会期只有正期一天。笔者在民
国及现代方志、文史资料中也看到，很多庙会的会期天数不止正
期一天。所以，目前很难全面把握清代四川各庙会会期的具体天
数，只能根据有记载会期的庙会来做一些分析。

表5－2　清代四川庙会会期天数统计表

会期（天）	庙会名称及地点
＞30	新津城隍会、铜梁城隍会、绵州观音会
20－25	彭山三婆会
16－20	雅安城隍会、成都二仙庵花会
11－15	峨眉城隍会、井研城隍会、成都老君会、洪雅土主会、夔州九皇会
5－10	成都土地会、彰明城隍会、绥靖上九会、新津上元会、成都月光会、汉州天官会

注：本表根据本书"附录：清代四川庙会史料汇编"整理。

从表5－2来看，可以得出两个特点。其一，一般城隍会是
州县各庙会会期最长的庙会。城隍会会期有的长达十几天，更有
长达月余者。如峨眉城隍会从"二月朔日至初十日送神归庙乃
止"①，彰明城隍会"演剧十数日"②，新津城隍会时"演戏辄匝

---

① 嘉庆《峨眉县志》卷一《方舆志》。
② 同治《彰明县志》卷十九《风俗志》。

月"①。资阳城隍会会期天数更是达到了四十二天，"首事等募钱演戏赛神四十二日"②。其二，成都地区的庙会会期普遍较长。表中统计了 17 个庙会，成都占有 6 个，说明成都地区办会天数普遍多于其他县。

形成这两个特点的因素有二：一是城隍会不仅得到了官方认可，而且官方大都会参与祭祀。城隍神列入国家祭祀之后，就跟现实中的行政官员对应起来，现实中的官员上任的时候首先就要祭拜城隍。民间把城隍神当作本地的保护神，不仅城市民众要参加此会，各乡民也要"醵金结社，入城与会"③。在这种情况下，官民双方在城隍诞辰之日，就形成了长时间、大规模的祭祀和异神活动。其他种类的庙会不能普遍达到如此大的规模和如此长的时段。二是成都地区是整个四川的经济中心，"成都东通吴楚，有波涛之险。南邻云贵，北接秦陇，西毗松维，多崎岖之路。土著者惮于远出，其来贸易者，皆外省之人，商贾辐辏，阛阓喧阗，称极盛焉"④。庙会会期恰好为商贾提供良好的时机，如成都土地会有售兰草、农具，老君会、观音会之日也有售农器者，会期自然也会较长一些。

三、庙会数量的分布特征

表 5—1 统计了清代四川各县庙会的数量情况，根据此表，

---

① 道光《新津县志》卷十五《风俗》。
② 嘉庆《资阳县志》卷二《风俗志》。
③ 道光《蓬溪县志》卷十五《风俗》。
④ 同治《重修成都县志》卷二《舆地志》。

我们分段而记（见表5－3），试图从整体上探究清代四川庙会数量上的分布特征。

表5－3　清代四川各州县庙会数量分段统计表

数量	州县	合计
1－5	双流、新繁、新都、崇宁、什邡、乐山、犍为、荣县、奉节、云阳、巫山、绵州、眉州、邛州、蒲江、西昌、会理、仪陇、岳池、太平、三台、射洪、盐亭、中江、安县、合江、叙州、隆昌、长宁、高县、珙县、雅安、名山、理塘、秀山、忠州、丰都、梁山、巴县、江津、长寿、綦江、南川、铜梁、璧山、定远、合州、涪州、江北、资阳、阆中、广元	52
6－10	华阳、温江、新津、峨眉、洪雅、大宁、万县、江油、彭明、绥靖、丹棱、冕宁、越巂、南充、营山、新宁、蓬溪、纳溪、江安、筠连、屏山、马边、天全、酉阳、黔江、彭水、垫江、井研	28
11－15	灌县、汉州、彭山、大邑、盐源、南溪	6
16－20	夹江、德阳、青神	3
＞20	成都、金堂、广安	3

注：本表根据本书"附录：清代四川庙会史料汇编"整理。"数量"是指一年之中各州县举办庙会的次数。

表5－3中统计了92个州县的庙会数量，其中52个州县记载的庙会数量在5次以下，约占总数的57％。有28个州县记载庙会数量在6至10次之间，约占总数的30％。而办会在10次以上的州县只有12个，约占总数的13％，其中灌县、汉州、彭山、大邑、盐源、南溪等州县记载的庙会数量在11至15次之间，夹江和青神二县记载的庙会数量在16至20次之间，成都、金堂和广安三地记载的庙会数量在20次以上。成都和金堂各有26次，

广安有 27 次。整体观之，约 87％的地区庙会数量在 10 次及以下，约 13％的地区在 10 次以上。这 13％的地区主要集中分布于川西盆地，又多集中于成都府地区。

川西盆地是庙会的集中区，一方面是由于这一地区资料相对比较详细，而且县的密度也要大一些，从表中反映出来自然也就密集一些。另一方面，由于这一地区商业贸易比较繁盛，客观上会刺激这一地区办会的热情，很多庙会的资金由商帮分摊。再者，这一地区游览气息比较重①，人们乐于办会游玩。需要注意的一点是广安州的庙会数量是整个四川地区数量最多的地方。《广安州志》记载"五礼从宜，四时从俗，汇为一书，谱冠巴蜀志风俗"②，说明此志对本境各会的记载是比较完整的，其他地区方志可能有漏记之嫌。

若把这一分布情况与清代四川地图③对比观察，可以看出清代四川庙会数量分布总体上呈现出带状和散状分布的特征。北起江油南到乐山这一条带状，是庙会分布最为集中的区域。川东、川南、川西高原等地区呈现出比较分散的特征。在分散特征下，川南的叙州府的东南部和泸州的西部地区则是相对比较集中的区域。

---

① 李文青：《明清四川岁时习俗的区域差异研究》，硕士学位论文，西南大学，2009，第 37－38 页。
② 光绪《广安州志》卷十一《方物志》，风俗。
③ 谭其骧主编《中国历史地图集》（第八册：清时期），中国地图出版社，1987，第 39－40 页。

四、庙会分布的总体特征

通过对"附录：清代四川庙会史料汇编"研究，可做如下总结分析。相较道教和地方信仰类庙会来说，清代四川佛教类庙会的种类是比较少的，但是其影响却并不逊色。佛祖会至少有 45 个县办会，盂兰会的分布更广，各寺庙、城市内部的城隍庙、会馆或街市和城外的厉坛等都醵金办会，乡村办会则更多。观音菩萨在民众心目中占有很高的地位，各地的观音庙也很多，办观音会的也不少。

清代四川道教类庙会分布比较广泛，办会的数量也比较多。一方面是由于道教吸纳了很多地方民间神祇，道教神史接近民众生活需要。另一方面，由于朝廷对一些道教神的封号，起到了重要的推广作用，较为典型的就是城隍会。自从明太祖对城隍神进行了封爵定品后，县级及以上城市都建有城隍庙。各城隍神诞之期，一般由官府参与祭祀，甚至组织办会。一些地方每年还有三次的"三巡会"。从这一点来讲，官府的祭祀政策对一些官府认可的庙会起了极大的推动作用①。

地方信仰类庙会的种类和数量都是最多的，其地理分布的突出特点是普遍流行庙会与小区域庙会相结合。一般来说，佛教与道家神在四川都是普遍流行的，而地方信仰的神则带有小区域

---

① 朱海滨教授十分有见地地指出，儒教原理主义的祭祀政策对民间信仰变迁产生了重要影响，官方推行的儒家文化，落实到地方却是各地传统地域文化的延续。参见朱海滨：《祭祀政策与民间信仰变迁——近世浙江民间信仰研究》，复旦大学出版社，2008，第 180－194 页。

性,这就导致其一些地方信仰类庙会的地理分布也呈小区域分布的特点,如夹江的长年会、彭县的猫庙会、忠州巴蔓子庙会、渠县草王会等。

从庙会活动角度看,道教类庙会的活动更加丰富多样,因为游神类庙会比较多,如城隍会、东岳会、青苗土地会等。佛教类庙会的游神特点并不突出,仅有西昌和冕宁两地有大佛出驾之俗,其他均未见记载。这可能是由于佛教神在人们心目中的地位是比较严肃而崇高的,不可随便异神。地方信仰类庙会的活动更贴近人们生活的需求,如为庇佑耕牛的牛神举办牛王会,为消除农作物虫害而办蝗虫会等。庙会期间,人们对神灵的现实诉求更为强烈。如祈求子嗣,人们会举办娘娘会、童子会、三婆会和观音会,一些地区甚至将文昌神、璧山神等也附会有送子的功能。

庙会娱乐和商贸功能展现的区域差异表现为,清代四川庙会的娱乐方式以演戏为主,异神为辅。川西盆地的庙会娱乐最盛,川东区多演戏而少游神,川南区重游神轻演戏。川西盆地区的庙会市场最为繁盛,其他各区商贸功能均不太强。清代四川庙会与人口、经济水平的关系是人口数量越多,经济发展水平越高,则举办庙会的次数也就越多,庙会市场也就越旺盛。庙会市场与人口数量、经济发展水平成正相关,这一点不同于华北和江南地区。

从庙会时间结构上看,二月和六月举办庙会次数最多,季节上是夏季办会最多。一方面体现了"不违农时""顺应农事"的原则;另一方面,也受到宗教节日或祭祀传统的影响。从清代四川庙会的总体数量上看,北起江油南到乐山这一带,是庙会分布最为集中的区域。川南区的东部地区庙会分布也比较多,其他地区呈现较分散的特点。

其实，庙会的区域差异性还可以从地缘和民族两个因素分析。从地缘上讲，不同的地缘状况会形成迥异的庙会内容或形式。四川边地的一些庙会内容亦不同于盆地内部，例如盐源盐井办文昌会时，谈演的《大洞仙经》，"其声乐则沿滇俗焉"①，说明此地更接近云南，并不同于四川盆地内部的声乐。

由于不同民族的信仰差异，举办的庙会也有不同之处。由于大部分少数民族居住在盆地边缘的山地或高原地区，所以地缘因素和民族因素往往交织在一起。我们发现盆地与高原或山地交会地带往往存在汉族庙会和少数民族庙会并存的情况，特别是川西、川南、川东南地区。而且不同民族的庙会参与界限在慢慢淡化，其他民族也可以参与其中。如康定的浴佛会"汉、康士女大多出游南郊较场及附近喇嘛寺，往来如织"。郭达将军庙会、娘娘会、元根会等，汉族藏族民众都能参与其中。泸定每年的城隍出驾之会，"喇嘛及康民每日多往推转焉"②。再如盐源地区的汉族民众在六月二十四举行的"火把会"，火把节本来是彝族、白族、纳西族、基诺族、拉祜族等的传统节日，"今夷俗以此日祭其先，而汉民亦然火树，曰火把会"③。显然这是民族融合的体现，也是汉族移民进入少数民族地区的结果。反之，庙会又通过其娱乐、商贸等方式为不同民族提供了相互交流的平台，对不同民族起了不小的融合作用。

地缘因素往往又和移民因素相关联。如川南的峨边每年三月

① 光绪《盐源县志》卷十一《风俗志》。
② 李亦人编《西康综览》第十三编第五章，康民之集会。
③ 光绪《盐源县志》卷十一《风俗志》。

举办的铁匠会，就是由于清嘉庆年间，外地移民增多，铁器需求增加，峨眉、乐山等地的铁货不断运进，铁匠也随之迁入定居。由于铁匠人数增多，老君会便又称"铁匠会"①。对于清代四川而言，移民是无法回避的问题。元末明初和明末清初的"湖广填四川"，为四川输入了大量的人口。进入四川的移民为了寻求帮助，或抵御其他外来势力的侵扰，以同乡联谊的方式结成会馆②。移民将原地信仰的神引入到新修的会馆中祭祀，"湖广籍祀禹王、关帝、帝主，福建籍祀天后，江西籍祀许真君，广东籍祀六祖"③。贵州籍祀南大将军、黑神等，陕西籍民多祀刘备、关羽、张飞等，四川籍祀川主等。会馆大都会在各自所祀神诞期，演戏报赛，开展庙会活动。下面根据清代四川方志资料来列举一些会馆庙会的分布情况。

彭山、犍为等地的南华宫办六祖会，"粤省人演剧庆祝"④。大邑、夹江、广安等地的江西馆于四月初一办萧公会，"豫章客民演传奇，介神麻，聚观多人"⑤。南充、广安等地的万寿宫于八月初一办许真君会，并演戏酬神。绥靖、冕宁等地的陕西会馆于六月二十三办三圣会。盐源的禹王宫办禹王会，会期进献大烛，

---

① 峨边彝族自治县志编纂委员会编《峨边彝族自治县志》，四川辞书出版社，1994，第606页。

② 参见蓝勇：《西南历史文化地理》附录一"清代西南的移民会馆"，西南师范大学出版社，1997，第507页。

③ 民国《合江县志》，载丁世良、赵放《中国地方志民俗资料汇编·西南卷》（上），北京图书馆出版社，1991，第163页。

④ 嘉庆《彭山县志》卷三《风俗志》。

⑤ 大邑县地方志编纂委员会办公室编《清乾隆〈大邑县志〉校注》，巴蜀书社，1998，第185页。

每烛一跋重五六十斤，并"饰功曹鬼卒，鼓乐旌旗，盈街溢巷，尨倪杂沓，汉夷阗阗"①。禹王会会期有两个，一是正月十三，一是六月初六。正月禹王会分布于盐源、南充、广安、蓬溪；六月禹王会分布于酉阳、彭水两地。不过与其他地方不同的是，酉阳、彭水、广安等地"惟楚商或原籍两湖者行之，土人无与也"②，说明这里的禹王会是湖广移民独办，原住民则不以为然。

庙会是一种文化的载体，移民会馆通过庙会的方式展现和传播了自己的文化信仰。同时通过崇拜共同的神灵，增强了本省人、同乡人的凝聚力与认同感。

---

① 光绪《盐源县志》卷十一《风俗志》。
② 同治《增修酉阳直隶州总志》卷十九《风俗志》。

附录： 清代四川庙会史料汇编

会名	会地	正期/会期	庙会活动	资料来源
土地会	土地堂	正月/会期三天	旧志在县西北二十里即土地堂，每岁孟春中旬百货聚集，士女如云，凡三日而散。	同治《重修成都县志》卷二《舆地志》，风俗。
老君会		二月望日为正期/会期二月十三起至十九止	青羊宫祭赛，花市极盛，百货咸集，农器、蚕器尤多。	同上。
观音会	回龙寺	二月十九	县北，东六甲二十里。七星坡，又名十字岭，嘉庆五年建。每岁二月十九乡人市农器于此。	同上。
清醮会		二月	是月，城市各街举行清醮。	同上。
娘娘会		三月初三	东岳庙、娘娘庙攫取木刻童子，馈送亲友之望子者。	同上。
城隍会		清明 七月中旬 十月朔日	都人舁府县城隍神像出北郭，厉坛祭孤，七月中旬、十月朔日皆然。	同上。

会名	会地	正期/会期	庙会活动	资料来源
放生会		四月初八	释迦佛诞辰，人家市鳅、鳝、鱼、鳖，盈挑、盈担，以锣鼓、香烛放舟送之江中，谓之"放生"。	同上。
盂兰会		七月十五		同上。
牛神会		十月	十月，乡间以糯米捣粢祀牛神，谓神是日诞。	同上。
土地会	土地堂	正月十一为正期/正月十六止	出北门十五里……游人甚多，售兰草为大宗货品，农具亦有售者。	傅崇矩编《成都通览》（上册），巴蜀书社，1987，第72页。
二仙庵花会	青羊宫	二月十五至三月朔日止	此会相沿已久，而为售农器之总市。光绪三十一年，沈总办提倡工商，扩充会场，建筑列肆，日进文明，改劝业工会，展会期至三月二十日。	同上书，第73页。
东岳会	东门外高板桥下	三月二十八	百货鳞萃。	同上书，第73页。
放生会	东门外大佛寺	四月初八	官商士女，彩船如织，尽一日之兴而散，筵宴所多设于望江楼。	同上书，第73页。
月光会	金堂	八月		同上书，第73页。
城隍会	双流	三月		同上书，第73页。

续表

会名	会地	正期/会期	庙会活动	资料来源
劝工会	新繁			同上书，第73页。
东岳会	彭县	三月二十		同上书，第73页。
炎帝会	嘉定	五月初五		同上书，第73页。
白塔会	简州	三月初三		同上书，第73页。
单刀会	成都簇桥	五月十三		同上书，第73页。
城隍会	资阳县			同上书，第73页。
二郎会	灌县	六月二十四		同上书，第73页。
十王会	崇宁	五月二十八		同上书，第73页。
骡马会	郫县			同上书，第73页。
骡马会	双流			同上书，第73页。
骡马会	崇宁			同上书，第73页。
劝工会	汉州			同上书，第73页。
花会	青羊宫	二月十五		同上书，第203页。
娘娘会	娘娘庙	三月初三	抢童子。	同上书，第204页。

会名	会地	正期/会期	庙会活动	资料来源
浴佛会		四月初八	看放生会，嫁毛虫。	同上书，第204页。
药王会		四月二十八	医生、药铺收礼敬神。	同上书，第204页。
王爷会		六月初六		同上书，第204页。
观音会		六月十九		同上书，第205页。
土地会		七月初七	夜间散巧神，买豆芽乞巧。	同上书，第205页。
盂兰会		七月十日起，十五日止		同上书，第205页。
财神会		七月二十一		同上书，第205页。
孔子会		八月二十七		同上书，第205页。
观音会		九月十九		同上书，第205页。
牛王会		十月初一	打糍粑，乡间牛角上戴铁糍粑，看城隍出驾，送寒衣，上坟。	同上书，第205页。
太阳会		十一月十九		同上书，第206页。

会名	会地	正期/会期	庙会活动	资料来源
老君会	青羊宫	二月	青羊宫，唐之古庙也，省城南门外西南隅五里。二月开会，游人众多。二十五日，俗传为老君生日，四乡妇女于十四日夜到大殿上，男女杂沓，坐守一夜，名曰坐香。现经警察总局禁止。然念佛号敬香者，十五日络绎不绝。李老君本道教，乃愚民念佛朝之，可发一笑。	同上书，第548—549页。
娘娘会	延庆寺、娘娘庙各处	三月初三	演剧酬神，会首则大肆饕餮，并用木雕之四五寸长童子、童女若干，在神殿前抛掷丛人处，俟人之争抢。抢得童者，即于是夜用鼓乐、旗伞、灯烛、火炮，将木童置于彩亭中，或用小儿抱持，送与亲戚中无子女者。该亲戚即衣冠招待，肆筵宴宾，比真正得子者尤为热闹，有接童子费至数十至百金者。	同上书，第549页。

会名	会地	正期/会期	庙会活动	资料来源
放生会	大佛寺	四月初八	买鱼、鳅、鳝、螺、龟、蟹、蚌、鸟等，沿河放生。上流在放，下流即有人打捞。前数日，即有贫民遍觅水族以待买主。倘无人买放，则水族不至山积，是因放生而戕生也。是日，江中彩船花舫，自官员以至绅氏，多酿金设宴，或挟优妓，笙歌杂沓，或由北门上舟者，或由东门上舟者，或绕舟于南河者，或维舟于濯锦楼者。官绅商民之妇女，无论老幼，亦结队游宴。两岸之民家楼口，红袖绿鬟，目不暇给。秦淮河之风趣，今日一见。白塔寺、望江楼，游人如织。又记光绪己亥年，纪姓之争渡，人多舟覆，溺毙数人，佛未浴而人溺焉。又记丁酉年，因游人上望江楼，压力太重，楼梯忽断，跌伤妇女十余人。又光绪三十四年，江边路窄，有官轿被拥入河，某太太则为浴佛矣。	同上书，第549—550页。

会名	会地	正期/会期	庙会活动	资料来源
药王会	陕西街药王庙	四月二十八	俗传是日为药王生辰，省城各药铺及医馆，或敬神，或送匾，或自己做匾，请人送挂陕西街药王庙。在前极形拥挤，前数日即有拜香之男女，跪香之佛婆，近经警察局禁止矣。	同上书，第550页。
东岳会	东岳庙（在机器局侧）	三月二十八	出驾前数日，即经会首遍贴斋戒黄纸告白，并晓喻巡幸街道，打扫洁静。至期则各街高搭五色天花棚，或迎驾之彩台，香花灯烛。二十七日，彻夜达旦。盐道街、南门大街等处，迷信尤甚。出巡之日，两首县之差役、武边之兵丁，多与其事，装出牛鬼蛇神及许愿枷仗各犯状，挂灯于体上者，缧绁者，种种怪象。神轿后随行跟香者，尚数百人，哄动城乡。男女杂沓，妇女虽受人调笑，被人拍摩，亦不怨也。其实看神驾之人甚少，藉以看妇女之人甚多也。圣驾经过，男女家家焚香膜拜。俗语有云：鼓楼南街衣铺之老陕，一年都在打瞌睡，只有四月二十八日是醒的。可见是日游人太多，虽睡者亦不睡矣。	同上书，第550页。

会名	会地	正期/会期	庙会活动	资料来源
王爷会	王爷庙	六月初六	是日，俗传为镇江王爷生期，凡迷信水险者，均虔诚礼拜。如米碾户、干菜行、药材帮、柴行、炭行、木行、纸帮，无不设筵待客。或演戏，或念经。惟船帮尤为迷信。是日，无论何人均不开船，醵资在王爷庙演戏酬神。犍为县竹根滩之王爷庙，尤为热闹。	同上书，第551页。
土地会	土地祠	七月初七	是日为土地生辰也。然鄙人在泸州时，又见该处土地是六月初十日生，亦异常热闹，岂土地生期各地不同乎？抑土地一年两生，如在前掌书院之山长，人人均一年两生乎？是可怪也。成都之土地会，家家均杀鸡祀之。各街之土地祠，经会首募集香钱，演牛皮影戏以酬神，会首则藉以肉食一次，是日无一街不演影戏者。	同上书，第551页。

会名	会地	正期/会期	庙会活动	资料来源
盂兰会		七月十五	俗传七月初十日鬼门关开了，各家之死鬼均放归各家。十五日城隍出驾，名曰赏孤，又闭鬼门关矣。中元会节自古有之。近传中元节为死鬼过年，故各庙均念经超度鬼魂，各署之房班差役亦集资念经，超度罪人。民间则无论贫富，均焚纸钱及纸锭。省城之钱纸铺，一年只望中元卖钱。计城内所费约需金钱一百余万，化为纸灰，可怪之至。	同上书，第551—552页。
财神会		七月二十二	是日呼为财神生日。各商铺停贸半日，鸡酒飨神后，即以筵宾客、待铺伙。	同上书，第552页。
地藏王会		八月初一	传为地藏王生日。俗谓目连在地狱救母，眼不看见，故此日之夜，家家敬王之后，焚香插布遍地。转轮藏街之尼姑地藏庵借此诱引妇女烧香，现经警察局禁止。	同上书，第552页。

会名	会地	正期/会期	庙会活动	资料来源
月光会		八月中秋	商家兴中秋节者，图收结货账也，民间遂传为月光生日。中秋之夜，家家市饼饵水果，大小向月膜拜。前后数日，各街合资演影戏酬神。闻金堂县月光会，游人甚多，约有十日之热闹。	同上书，第552页。
九皇会		九月初旬	自九月朔日起，各庙宇做会念经，江西馆尤为虔诚。盖自江西传入成都者也。居民无论男女，朝夕燃黄油烛，焚香叩首，斋戒茹素，十之八九。	同上书，第552—553页。
观音会	总府街普准堂、青石桥白衣庵、暑袜街白象庵、半边街大悲庵等处	正月十九 六月十九 九月十九	是日尤为妇女之迷信。在前恶俗，总府街普准堂、青石桥白衣庵、暑袜街白象庵、半边街大悲庵等处，凡供有观音之寺院，男女杂乱，女为烧香而去，男为观色而来。庙中尼僧，借以敛钱。现经警察局禁止，而妇女等又移往北门外之白马寺矣。	同上书，第553页。

会名	会地	正期/会期	庙会活动	资料来源
城隍会		十月初一	俗传十月初一日为城隍与鬼魂赏寒衣，是日两县之城隍神均出驾巡行，在前极为热闹，不亚于三月二十八日之东岳会。近来城隍之仪仗执事亦均冷淡，或感于各官长之减少驺从欤？从十月初一授寒衣后，民家各具纸衣等，各上各家之坟矣，又名牛王生。	同上书，第553页。
太阳会		冬月初十	居民焚香，祝拜太阳寿，甚属可笑。各街告白，大书特书太阳胜会，合资演戏，其实徒供会首之酒食而已。	同上书，第554页。
清醮会		二月初二	旬日间，街民醵钱演剧祀瘟、火神，谓之"清醮"。	嘉庆《华阳县志》卷十八《风俗》。
文昌会	城乡文昌祠	二月初三	梓潼帝君诞辰。城乡文昌祠咸演剧祀神，东郭江上灵宫为尤盛。	同上。
老君会	青羊宫	三月十五	鬻农具、蚕器于青羊宫肆。（按：今惟市物，而作乐不闻。今俗青羊宫赛会。）	同上。
放生会		四月初八	释迦佛诞辰。禁屠一日，人家市禽鱼纵之，日放生。	同上。

会名	会地	正期/会期	庙会活动	资料来源
关帝会	关帝庙	五月十三（竹醉日）	竹醉日迎神赛乐，香火甚盛。	同上。
盂兰会		七月十五	都人士舁城隍神像出北郭墦间祭孤，如清明日。浮屠作盂兰会散斋，夜放河灯。	同上。
牛王会		十月初一	牛神诞辰。农人捣糯米为粢祭之，并置牛角	同上。
上九会		正月初九	玉皇大帝诞期。子分设香楮拜祝，谓之上九。	嘉庆《温江县志》卷十四《风俗》。
文昌会		二月初三	具猪、羊、鸡、酒香楮致祭，以帝君权衡禄嗣故祈，男决科者多致敬焉。	同上。
土地会		三月初三	土地诞辰，各备牲体献奠。	同上。
浴佛会		四月初八	禁屠宰。	同上。
单刀会		五月十三	俗传关帝单刀赴会之期，民间演戏庆贺。	同上。
土地会		六月初六	秧苗土地生辰。各备香楮、牲体致祭，祈谷。	同上。
土地会		七月初七	家宅土地生辰。家屠雄鸡致祭。	同上。
盂兰会		七月十五	浮屠氏设盂兰会以荐之，道家以地官赦罪日。	同上。

会名	会地	正期/会期	庙会活动	资料来源
浴佛会	三会院	四月初八		嘉庆《新繁县志》卷十八《风俗志》。
鋈华会	灵庆寺	六月初六		同上。
盂兰会		七月十五		同上。
城隍会		十一月十八	其会尤盛，百工万货刻期而至，酒食游戏无不备诚。	同上。
上九会		正月初九	士女皆各寻职业以为岁始，取其可以长久也。	嘉庆《金堂县志》卷二《疆域志》，风俗。
文昌会		二月初二	以新进生员为会首，一年岁学，一年科学，一年武学，递相轮换。	同上。
火神会		六月十六		同上。
清醮会		三月清明节	各乡镇俱为清醮会，民皆斋戒沐浴，禁屠宰。设瘟火坛于所近祠庙，朝夕进香。会毕，以龙舟送至江岸焚之。	同上。
痘麻娘娘会		三月十八		同上。
送子娘娘会		三月二十		同上。
天后圣母会		三月二十三		同上。
东岳会		三月二十八		同上。

会名	会地	正期/会期	庙会活动	资料来源
浴佛会		四月初八		同上。
药王会		四月二十八		同上。
关帝会		五月十三		同上。
城隍会		五月二十八	乡镇士女骈集喧闹，市为之哄。	同上。
镇江会		六月初六		同上。
观音会		六月十九	十九日为观音大士成道日，县民多至佛寺进香。	同上。
雷祖会		六月二十三		同上。
川主会		六月二十四		同上。
土地会		七月初七		同上。
盂兰会		七月十五		同上。
财神会		七月二十三		同上。
九皇会		九月初九	乡民斋戒，惟此为最。	同上。
关帝会		九月十三		同上。
观音会		九月十九	为观音大士生日，县民多诣佛寺进香。	同上。
牛王会		十月初一	乡村农家以米粢悬牛角而劳苦之，凡租于人者，亦以是日取回，盖自明时已然。	同上。
城隍夫人生日		十一月初十	县民皆诣庙进香，讽经演戏。	同上。
太阳会		十一月十九		同上。

会名	会地	正期/会期	庙会活动	资料来源
文昌会		二月初三	相传梓潼帝君诞辰，读书者集友祝神设宴。	道光《新都县志》卷四《典礼志》，风俗。
关圣会		五月十三	士庶敬谨庆祝。	同上。
川主会		六月二十四	川主诞辰，士庶庆祝。	同上。
盂兰会		七月十五	僧尼道俗悉营盆作盂兰盆会。	同上。
上九会	伏龙观、马祖寺	正月初九	游伏龙观者甚众，河西之马祖寺买卖货物者尤多。	光绪《增修灌县志》卷十一《风俗志》。
谷王会		正月二十	谷王诞辰	同上。
城隍出驾		三月清明 七月中旬 十月朔日	邑人舁城隍神像诣北门外，厉坛祭孤。	同上。
浴佛会		四月初八	释迦佛诞，人家多书"毛虫远藏"字帖于屋壁，谓之嫁毛虫。	同上。
单刀会	关夫子庙	五月十三	城乡皆庆祝。	同上。
杨泗将军会	杨将军庙	六月初六	各乡场祭杨将军庙，沿河尤盛。	同上。
二王庙会	二王庙	六月内	至西二王庙敬祝神诞，远近州县人民多携雄鸡至祠割而祭之。	同上。
秧苗会		六月	乡农设醮祀田祖。	同上。
盂兰会		七月十五		同上。

会名	会地	正期/会期	庙会活动	资料来源
牛王会		十月朔日	乡间以糯米蒸熟，捣为糍粑以饲牛，谓是日"牛王诞"。间有兴设牛马会，演戏庆祝者。	同上。
洗心庄会	县北洗心庄	正月初九三月二十八	四方来会，其会场摆卖农具杂货，无所不有。若奇花异卉，种类尤多。	嘉庆《崇宁县志》卷二《风俗》。
城隍会		五月二十八	是日城乡小儿装扮鬼卒百余，随神游街，观者云集。	同上。
上九会	县南观音寺	正月初九至十六	观音寺进香者人海人山，四方云集，有来自数百里外者，香烟缥缈，烛焰熏蒸，至日暮不已。	道光《新津县志》卷十五《风俗志》。
上元会	县东广福寺	正月初九	演剧数日，百戏杂呈，为赛会之极盛者。上元张灯火，自初九日起，至十六日止。	同上。
文昌会		二月初三	人士咸庆祝。	同上。
浴佛会		四月初八		同上。
药王会		四月二十八		同上。
磨刀会		五月十三	城市乡场多演戏庆祝。	同上。
城隍会		五月二十八	为城隍诞辰，演戏辄匝月，为邑中神会之最。	同上。

续表

会名	会地	正期/会期	庙会活动	资料来源
牛王会		十月初一	农家作米糍系牛角以劳，其若租于人者，以是日偿。	同上。
佛祖会		四月初八	禁屠沽。	嘉庆《什邡县志》卷十八《风俗志》。
土地会		七月初七		同上。
牛神会		十月朔日		同上。
浴佛会		四月初八		同治《嘉定府志》卷六《方舆志》，风俗。
炎帝会		五月初一	乐邑城内近以五月初一为炎帝会，盖祀神农而兼祭五瘟也。每先期敛钱斋醮，于是日将各神行像遍游城市，旌旗塞道，鼓乐喧天，妇女杂沓，颇近嬉游。予初欲禁止，因念相沿既久，且考其源流亦大傩之遗意。孔子曰"百日之蜡一日之泽，亦升平之景象也"。	同上。
青苗会		六月初六	祀青苗神，盖社公也。蜀之民或以谓祀赵昱及庞士元。	同上。
浴佛会		四月初八		嘉庆《乐山县志》卷二《舆地志》，风俗。

会名	会地	正期/会期	庙会活动	资料来源
青苗会		六月初六	祀青苗神,盖社公也。蜀民或谓祀赵昱及庞士元。	同上。
城隍会		二月朔日	旧请城隍出郊祭赛,作彩楼演梨园为神寿,至初十日送神归庙乃止,今皆祭于城中不复出郊矣。	嘉庆《峨眉县志》卷一《方舆志》,风俗。
土地会		三月	作会赛土地,以祈年谷。	同上。
浴佛会		四月初八		同上。
单刀会		五月十三	庆祝关圣,演戏数日,名单刀会。	同上。
青苗会			祀青苗神,盖社公也。或谓祀赵昱(隋眉山太守)及庞士元。今俗皆曰川主会。	同上。
盂兰会		七月十五		同上。
文昌会		二月初三	遂有娱神演剧者。	嘉庆《洪雅县志》卷三《方舆志》,风俗。
浴佛会		四月初八		同上。
炎帝会		四月十五		同上。
单刀会		五月十三	俗传关帝单刀会。	同上。
城隍会		五月二十七	城隍神诞,皆演剧极为烦嚣。	同上。

会名	会地	正期/会期	庙会活动	资料来源
璧山会		七月初八	祀唐巴川令赵延之，商贾辐辏，货物云集，自一日至十日方罢。	同上。
盂兰会		七月十四		同上。
土主会		正月初三		嘉庆《夹江县志》卷二《方舆志》，风俗。
二郎会		正月十八		同上。
城隍会		二月十六		同上。
财神会		三月十五		同上。
东岳会		三月二十八		同上。
萧公会		四月初一		同上。
炎帝会		五月初一		同上。
镇江王会		六月初六		同上。
青苗会		六月初六	祀青苗土地，以祈年。	同上。
川主会		六月十四		同上。
璧山会		七月初二		同上。
张爷会		八月二十四		同上。
火神会		九月初一		同上。
葛翁会		九月初九		同上。
牛王会		十月初一		同上。
浴佛会		四月初八		嘉庆《犍为县志》卷二《方舆志》，风俗。

会名	会地	正期/会期	庙会活动	资料来源
土主会		正月初十	士女云集。	道光《荣县志》卷十八《舆地志》，风俗。
大佛会		四月初八	进香。	同上。
城隍会		五月二十七	舁城隍神出游，有还愿者随其后，以扇扇之。	同上。
土地会		二月（春社日）		道光《夔州府志》卷十六《风俗志》。
浴佛会		四月初八		同上。
盂兰会		七月十五	今俗民间于此日敬祖先，烧纸钱、包袱，又醵金作盂兰会，云赈济穷鬼也。	同上。
九皇会		九月初一至初十	今道家九月初一至初十做道场，谓之九皇会。民间信其说，为吃九皇斋，并名重阳风雨为滥九皇云。	同上。
盂兰会		七月十五	有醵金作盂兰会者。	光绪《奉节县志》卷十七《风俗》。
上九会		正月初九	祀神如元旦。	光绪《大宁县志》卷一《地理志》，风俗。

续表

会名	会地	正期/会期	庙会活动	资料来源
春祈会		正月	邑人士肃衣冠，迓地方官师社坛祀上帝祈谷。先期斋沐，禁止屠宰，极其诚敬。	同上。
浴佛会		四月初八		同上。
城隍会		五月二十八	先期二日，扮土地、驿丞诸故事出巡，日打扫街道。数日内有雨，谓之洗街雨。神诞前一日出会，扮杂剧，抬游街市，日亭子。扮鬼卒者，多至百余人。又有无常、鸡爪神等类，例皆乡人许愿为之。每至闹市，排列成行，以铁叉交互击刺，口中咸作胡哨声，俗谓必如此能逐祟，殆亦乡人傩之意欤。少顷，盛陈仪仗，奏音乐，会首、庙祝、扈从出驾，神坐八人露车，逍遥过市，周行城隅。沿街焚香致敬。观者如堵墙。盐场另有城隍庙，亦于是日赛会，大致略同。场无城垣，亦祀隍神，不知何取义。	同上。
盂兰会		七月十五	各庙轮作，云度幽魂。……又以纸为灯，实以油，燃放河中，多至数百盏，日放河灯。	同上。
秋报会		九月初九	如春祈会。	同上。

会名	会地	正期/会期	庙会活动	资料来源
绞篊会		十月初一	盐场以是日换篊竹，各灶以酒食犒工丁，曰绞篊节。自宋至今，沿而未改，此俗为最古矣。	刘卫国：《渝东盐场的民俗节》，载《盐文化研究论丛》（第一辑），巴蜀书社，2005。
龙君会				同上。
土地会		二月初二		咸丰《云阳县志》卷二《舆地》。
浴佛会		四月初八	四川官例于四月八日禁屠宰一日。民间有嫁毛虫之法。	同上。
城隍夫人会		五月初六	俗传城隍夫人诞辰，是日城内妇女皆靓妆丽服，齐集庙中，醵钱为会，酣饮终日而散，亦敝俗也。	同上。
盂兰会		七月十五	醵金为盂兰会者，言赈穷鬼云。	同上。
春社会		二月初二	城乡报赛极盛。	同治《增修万县志》卷十二《地理志》，风俗。
文昌会		二月初三		同上。
关帝会		五月十三 六月二十三	祀关帝，十三日尤盛。其日多雨，谓之磨刀雨。	同上。

续表

会名	会地	正期/会期	庙会活动	资料来源
川主会		六月二十四	农家最重此会，醵钱买豚以祭，量人数以桐叶包肉蒸成鲊派分之。	同上。
盂兰会		七月十五	醵金作盂兰会。	同上。
秋社会		八月初一	城乡报赛极盛。	同上。
浴佛会		四月初八	寺观预收，买鱼、鳖、鳅、鳝之类，送之河下，日放生。	光绪《巫山县志》卷十五《风俗志》。
清明会		五月二十七	县官祭厉坛城隍神出府，仗卫整肃，装饰涂粉墨扮故事，遍游城市。民间执香花，导拥者甚众。	同上。
大王会		六月初六	舟人咸于是日割鸡赛神，停泊以相庆祝。	同上。
盂兰会		七月十五	各庙醵金作盂兰会。	同上。
文昌会		二月初三	祭文昌帝君，乡村有演戏者，城内各官致祭，绅士颁胙。	道光《续纂江油县志》卷三《风俗志》。
单刀会		五月	关帝由来已久，市镇好事者彼此醵金或令梨园演戏，或造龙舟竞渡，连朝欢会，民气和乐不倦，商贾亦习而相忘。	同上。
秧苗土地会		六月初六	是日为赛社神祈谷节日，曰秧苗土地。社中人咸扮影戏，宴饮醉饱，亦一日之泽也。	同上。

会名	会地	正期/会期	庙会活动	资料来源
盂兰会		七月十四	浮屠流倡为盂兰会。假忏悔以射利乡愚不悟群趋焉，彼固不知佛为何如人，其教为何如教也。	同上。
牛王会		十月初一	为牛王神诞。缘川省与北五省异，田多水耕，不用骡马，专用犊。自正月选属龙日驾牛，从此曳犁濡尾，终岁无时少息，盖六畜之中，惟牛为最辛勤，故食其力者，酬其德，乡人于此日捣糯米饼虔供奉，酿金演戏三、四日不等，无所少客，所谓有功德于民则祀之之意也。	同上。
太阳会		十一月十九	为太阳生辰，各刹讽佛念经，乡人亦于是日虔礼而敬祀焉。	同上。
瘟神会		二月初	二月初邀饮春酒迭为宝主寺观众或建醮诵经或演二郎神捉孽龙戏剧，皆以驱瘟祈福。	光绪《江油县志》卷十一《风俗志》。
放生会		四月初八	放生、嫁毛虫诸事。	同上。
青苗土地会		六月初六	农家皆赛青苗土地，祈谷或扮影戏为乐，宴饮醉饱亦一日之泽也。	同上。
盂兰会		七月十五	寺庙汇总有延僧为盂兰会者。	同上。

续表

会名	会地	正期/会期	庙会活动	资料来源
牛王会		十月初一	乡人酿金为牛王会演戏以答神。	同上。
太阳会		十一月十九	为太阳生辰，各刹讽佛念经，乡人亦虔礼敬祀。	同上。
长寿会	青莲场	正月	青莲场奉文昌舆辇巡游街道，曰长寿会。	同治《彰明县志》卷十九《风俗》。
龙王会		二月	演高台会。各乡场建清醮，城内演剧祀龙王。	同上。
梓潼会		二月初十至十二	集大堰场、本城及青莲场，鬻四民器物，填街塞巷。	同上。
罗汉洞会		三月初三	鬻器物，俨似山阴兰亭。	同上。
东岳会	东乡	三月二十八	鬻农器。	同上。
关圣会	兴隆场	五月十三	鬻农器、骡马、会事极繁。	同上。
城隍会		五月二十八	演剧十数日。	同上。
川主会	西乡龙门寺	六月初六	鬻农器。	同上。
牛王会		十月初一	各乡酿钱赛牛王。	同上。
上元会	南华宫	正月初九	在城内南华宫树灯杆百尺，上悬圆灯数十，结成佛字，高矗碧空，彻夜光明，观者如堵。	同治《直隶绵州志》卷十九《风俗》。

会名	会地	正期/会期	庙会活动	资料来源
观音会	南乡报恩寺、白云洞、碧水岩、西山观	二月初二、十九	初二、十九两日为观音会，四乡男女，远近沓至。初二南乡报恩寺，十九则白云洞、碧水岩两处同日具举为尤盛。香侣云集，履舄交错，饮食之物、戏玩之具，镇衢溢路。又碧水岩、西山观亦各有戏会，距城密迩，士女如云。奉督宪常饬禁民间不许演目连戏（此戏每演必一月或兼旬始竣），恶其为日既久，易至聚赌藏奸为害。地方又示禁酬神庙戏不得过三日。	同上。
城隍会		四月初八		同上。
浴佛会		四月初八	佛诞之期。寺僧竞以小盆贮铜像，浸以糖果水浇灌佛身，谓之浴佛会。是日多有食素者。	同上。
盂兰会		七月十五		同上。
上九会	县西姜孝子祠	正月初九	以县西姜孝子祠为最。先数日，祠外竖彩台，令乐部演戏于其上。场列百肆，邻境云集，有远自数百里者。货如山积，百戏杂呈，进香人骈肩累踵，于于而来。	道光《德阳县新志》卷一《地理志》，风俗。
玉皇会	县东玉皇观	正月十六	其列肆不及姜祠，而进香人亦复少。	同上。

续表

会名	会地	正期/会期	庙会活动	资料来源
观音会	县北仙女洞	二月十九	至日，进香者联络数十里，游人杂沓，喧哗鼎沸。凡饮食之物、戏玩之具，填溢衢路，虽锦城蚕市为之过也。	同上。
璧山会	县北圣觉寺	三月初三	有璧山神并妻妾像，刻木为之，机关转捩，皆可屈伸，祈子者多祷焉。得子，则以红布数尺横覆像首，只鸡斗酒以酬报之。此会亦有数处，惟寺为盛耳。	同上。
浴佛会		四月初八	释子于各寺敲钟击鼓，以香汤浴佛躯，乡村叟妪云集而礼拜焉。	同上。
城隍会		四月初八	此日又为城隍会。俗传为城隍夫人生辰，故妇女进香尤多，来必以夜，谓夫人之义主乎阴也。灯烛晖光，照彻如昼，达旦不息，阶墀廊庑有遗簪堕珥焉。官尝设禁，惟许白日演戏致祀而已。	同上。
磨刀会		五月十三	俗谓关圣磨刀之辰，前后数日必有雨，以为验。各市村有庙像处，莫不演戏礼敬焉。	同上。
青苗会	社祠	五、六月	各里首事恒募钱演戏于社祠中，以祈谷于土谷之神。	同上。

181

会名	会地	正期/会期	庙会活动	资料来源
晒经会	县西高斗寺	六月初六	释子陈佛经晒于日中，礼佛者亦云集，惟县西高斗寺演戏最盛。	同上。
盂兰会		七月十五	放河灯、放焰口。	同上。
青苗土地会		秋收毕	秋收毕，咸赛青苗土地会，以报之。	同上。
牛王会		十月初二	农家尤重之，城市则皆有牛王庙，乡村则寺观亦塑有牛王像，比户合钱演戏以酬神，彼此争先，乐部为之增价。	同上。
上九会	县西姜孝子祠、东岳庙、真武宫	正月初九	县西姜孝子祠先数日，祠外立高台，雇乐工之驰名者演戏，场列百肆，隔岁各标其地不相侵乱，至日四方云集，有远自数百里外者。货如山积，百戏杂呈，进香人骈肩接踵，于于而来。……同日城中东岳庙、真武宫亦由此会，然惟以演戏相胜，远不如孝子祠之繁盛也。	同治《德阳县志》卷十八《风俗志》。
玉皇会	县东玉皇观	正月十六	其会不及姜祠，而进香者亦复不少，庙有古柏数株，进香者多灸艾于柏，以祛疾，疾在目则灸目，在心则灸心，在手足则灸手足，千人团集，回环灸灼树几欲，焦不知其验否也。	同上。

会名	会地	正期/会期	庙会活动	资料来源
观音会	县北仙女洞、邑东歊螺山、小山门口	二月十九	至日，进香者络绎，数十里不绝，游人杂沓，喧哗鼎沸。凡饮食之物，戏玩之具，填溢衢路，虽锦城蚕市为之过也。其后嘉庆、道光间，邑东歊螺山，咸丰、同治时小山门口亦如之其繁盛有过之无不及也。	同上。
璧山会	县北圣觉寺	三月初三	有璧山神像居中，旁列妻妾像，刻木为之，机关转棙，皆可屈伸，衣履逼真，祈子者多祷。此会亦有数处，惟此为盛耳。	同上。
三圣娘娘会	东岳庙、真武宫	三月初三	县城东岳庙、真武宫此日亦有三圣娘娘会，然惟演戏烧香，究不如此之有生趣。	同上。
青苗会		社日及四月初	乡人于栽插后，农工稍暇，悉建坛为青苗会。祀田祖土地，击鼓焚楮钱，舁神巡行陌陇，以除螟螣蟊贼，以祈顺成。间有演剧者，坎鼓蹲舞，亦古人八蜡迎猫、祭虎，报先啬司啬意也。	同上。
浴佛会		四月初八	释子于各寺敲钟击鼓，以香汤浴佛躯，乡村叟妪皆集而起拜焉。	同上。

会名	会地	正期/会期	庙会活动	资料来源
城隍会		四月初八	俗传城隍诞辰，前一夜妇女进香者尤多，各处集为庆祝，供献大蜡，有三、五会谓之大蜡会。灯烛辉煌照澈如白昼，达旦不息，堦墀廊庑芟泽微，闻少年群喜往观，往往履舄交错，有遗簪坠珥风，官为厉禁，惟许白日演戏。	同上。
磨刀会		五月十三	相传关圣当年于是日过江会鲁子敬宴，故磨刀会前数日必有雨以为验，士人谓之磨刀雨。各场镇及城中有庙像处皆椎牛刲羊，演戏炮豕祀之。	同上。
晒经会	高斗寺	六月初六	释子陈佛经于日中晒之，礼佛者云集，惟高斗寺演最盛。	同上。
王爷会		六月初六	相传杨四将军斩蛟得道，封为镇江王，凡市镇乡场皆演戏。	同上。
观音会		六月十九	仍如二月之盛。	同上。
盂兰会	六省会馆	七月十五	六省会馆各雇浮屠氏设盂兰盆会，扮铁围城血河诸像，使礼佛者，合掌唱佛偈，绕行其中，谓之破血河铁城。夜则放河灯、放焰口。	同上。

续表

会名	会地	正期/会期	庙会活动	资料来源
孔圣会		八月二十七	至圣先师诞日，前夜香烛酒脯以祭，此日复以羊豕祭毕，文人会饮馂祭。	同上。
观音会	小山门、斛螺山	九月十九	小山门、斛螺山两处祈祷者，士女仍如二、六月。	同上。
牛王会		十月朔日	四乡以次演剧报赛牛王。	同上。
上九会		正月初九至十五	天灯会。	道光《绥靖屯志》卷七《风俗》。
娘娘会		三月初三		同上。
清醮会		三月		同上。
单刀会		五月十三		同上。
城隍会		五月二十八		同上。
观音会		六月十九		同上。
三圣会		六月二十三	祀关帝、火神、马王。	同上。
盂兰会		七月十五		同上。
牛王会		十月初一		同上。
太阳会		十一月初九		同上。
文昌会		二月初三	祀梓潼神君，各村塾晏会。	嘉庆《眉州属志》卷九《风土志》。
关帝会		五月十三		同上。
川主会		六月二十四		同上。

会名	会地	正期/会期	庙会活动	资料来源
青苗会		六月二十四	村民备牲酒，赛青苗，祈秋成。祭毕，合饮而散，即《大雅》祀田祖意也。	同上。
祛瘟会		二月初一	里中敛钱买牲醴、楮币，扎草船，中设纸人及轿扛等物，召巫或僧道，唪经诵咒，烧船于河。祭毕，合饮而散。	光绪《丹棱县志》卷四《田赋志》，风俗。
浴佛会		四月初八	无事翁妪焚香礼忏。	同上。
磨刀会		五月十三		同上。
城隍会		五月二十三	随庙演剧，极为烦嚣。是时，民望雨。谚曰："天干不是干，但看五月二十三。"	同上。
土地会		六月二十四	备牲酒，赛青苗土地，祈秋成。祭毕，合饮而散。	同上。
盂兰会		七月十四	十四日，家祭祖宗，释氏谓之盂兰会。	同上。
牛王会		十月初一		同上。
文昌会		二月初三	文昌帝君诞辰，庠士庆祝，师儒、官吏相聚饮福。初二为衙神土地降诞，书役、乡民演剧庆祝。	嘉庆《彭山县志》卷三《风俗志》。

会名	会地	正期/会期	庙会活动	资料来源
三婆会		三月初三	彭女降诞，四方男女朝拜，祭赛者前后十日络绎不绝。又为"媒神圣母降诞"，士人名为"三婆会"，演剧庆祝，妇女求子者杂沓。	同上。
城隍会		四月初十	为城隍神降诞。邑人扮演抬阁故事朝献，或供大烛，集梨园称觞上寿，远近辐辏，不下万余人。	同上。
关帝会		五月十三	十三日为关圣大帝降诞，秦人会馆，工歌庆祝。	同上。
镇江会		六月初六	为镇江神降诞。楚人会馆演剧庆祝，凡舟楫、贩商者多攒金祭赛。	同上。
田祖会		六月初六	农民治鸡豚、斗酒祀之，以祈稼收成。	同上。
川主会		六月二十四	乡民于二十四日演剧庆祝。	同上。
盂兰会		七月十三		同上。
六祖会		八月初三	粤省人演剧庆祝。	同上。
牛王会		十月初一	农民演剧庆祝。	同上。
太阳会		十一月十九	为太阳神诞，士民演剧庆祝。	同上。
牟尼会		十二月初八	年老者相约建牟尼会。	同上。

会名	会地	正期/会期	庙会活动	资料来源
土主会	青衣土主庙	正月二十一	老幼妇女以扫拂神尘。以为饲蚕之兆。	光绪《青神县志》卷十八《风俗志》。
文昌会		二月初三	文昌夫子寿诞，绅士必于庙中庆祝，亦有演戏进香者。	同上。
城隍会		二月十三	城隍神寿诞，演戏办高椿会。城隍出游四街诸会从之，前呼后拥，真巨观也。	同上。
白马土主会		二月十九	白马土主神寿诞。演戏办高椿会，观者云集。虽跋山涉水而来不惮劳焉。	同上。
东岳会		三月二十八	东岳神寿诞，亦演戏进香如土主会然。	同上。
浴佛会		四月初八	释迦佛寿诞，有斋戒者，有入庙进香者。	同上。
火神会		四月十五	火神寿诞，祀神演戏，士农工商无不相约进香，更有还愿演戏者。盖民非水火不生活，故报赛之诚不约而同耳。	同上。
龙船会		五月端午	载酒划龙船谓之龙船会，盖仿吊屈原也。	同上。
关帝大刀会		五月十三	关夫子大到会。凡有庙宇之处，附近居民皆于庙进香。亦有募化银钱演戏敬神者。农夫望雨多指此日为期谓之磨刀水。	同上。

会名	会地	正期/会期	庙会活动	资料来源
秧苗土地会	土地祠	六月初六	农人置酒肉祀秧苗土地神。即于土地祠席地畅饮，祈一方秧苗茂盛。	同上。
川主会		六月二十四	川主神寿诞，祀神演戏。城乡皆然。盖川主之功民不能忘，故祀之较他神倍诚焉。	同上。
璧山会		七月初七	璧山神寿诞，祀神演戏进香者，以衣服靴鞋献之神。皆以纸为之案前，堆积如山焉。各家宰鸡献家神土地，妇女聚会乞巧。	同上。
盂兰会		七月十五		同上。
关帝会		九月十三	关帝寿诞，祀神演戏，为神上寿，即于庙中燕毕而散。	同上。
牛王会		十月初一	农家辍耕一日，以糯米作巴请僧道为牛王神念佛，亦有于庙演戏者。	同上。
太阳会		十一月十九	太阳寿诞，有拜太阳忏者。	同上。
文昌会		二月初三	近入祀典，士子亦有演戏庆祝者。	嘉庆《邛州直隶州志》卷六《方舆志》，风俗。
浴佛会		四月初八	人多食素。	同上。
单刀会		五月十三	城市乡场俱演戏庆祝。	同上。

会名	会地	正期/会期	庙会活动	资料来源
川主会		六月二十四	乡民祭川主。	同上。
青苗会		六月二十四	赛青苗土地。	同上。
文昌会		二月初三	文昌帝君圣诞，士庶演剧庆祝。	四川省大邑县地方志编纂委员会办公室编《清乾隆〈大邑县志〉校注》，巴蜀书社，1998，第184页。
媒神圣母会		三月初三	媒神圣母降诞，城北圣母殿亦如之，观者如堵。	同上书，第184页。
真武帝会	楚人会馆、真武宫	三月初三	真武帝降诞，楚人会馆、真武宫集梨园庆祝，观者如堵。	同上书，第184页。
城隍会		三月十一	邑人预于初七日，具仪仗、扮演故事，迎神于南郊驻皆，演剧预祝，至初十日回驭。是日演剧，称觞上寿，远近辐辏，进香者不下万余人。	同上书，第184页。
东岳会		三月二十八	为东岳大帝圣诞，城东有庙，亦演传奇申祝。乡村市镇有庙处所亦然。	同上书，第185页。
萧公会	江西会馆	四月朔日	孟夏朔日为江西会馆萧公钦启王降诞，豫章客民，演传奇，介神麻，聚观多人。	同上书，第185页。

会名	会地	正期/会期	庙会活动	资料来源
关帝会	秦、晋会馆	五月十三	十三日关圣大帝降诞，秦、晋会馆，工歌庆祝。	同上书，第185页。
镇江王会		六月初六	镇江王杨泗将军神诞演戏。	同上书，第185页。
马王会		六月二十三	马王神诞，邑之牧马者，祀以少牢，亦有用鹅鸡祭献者。	同上书，第185页。
川主会		六月二十四	川主神降诞，乡人皆演戏庆祝。	同上书，第185页。
盂兰会		七月十五	释氏修斋，追荐亡人。	同上书，第185页。
许真君会	江西会馆	八月初一	仲秋朔为江西会馆许真君降诞，亦演剧庆祝，多聚观者。	同上书，第185页。
真武会	楚人会馆	九月初九	季秋九日为重阳节，真武成道，楚人集会馆演戏。	同上书，第185页。
文昌会		二月初三	梓潼帝君寿诞，有演戏庆祝者。	光绪《蒲江县志》卷一《地理志》。
城隍会		三月初一	扮演杂剧，人民聚观。但接禹帝、东岳于庙中，不免请客压主之失焉。	同上。
单刀会		五月十三	在城及乡镇俱演戏庆祝关圣帝君。	同上。

会名	会地	正期/会期	庙会活动	资料来源
青苗会		六月二十四	赛青苗土地，谓之青苗会。	同上。
川主会		六月二十四	乡民祭川主。	同上。
泸山庙会	泸山	正月初八、初九	泸山庙会烧香者甚众。	道光《西昌县志略》卷一。
大佛会		二月初八	二月初一日大佛自白塔寺至西来寺，涌泉庵千佛寺等处，三年一周。初八日城隍出巡装鬼怪者甚众，初九日大佛寺回白塔寺。	同上。
大佛会	圆通寺	二月初八	大佛会为盛。自二月朔日起，汉女番妇妆饰入城，献花进香，口宣佛号，手击钹鼓，俯伏蒲团，竞诵经卷，观者云集。市香烛者万计，还愿、饰扮功曹鬼卒者千计。至初八日，大佛出，游巡四街，高桩遐举，旗帜横飞，盈溢闾巷，男女混杂（自咸丰三年，宋紫临明府示禁，后此风渐息）。	咸丰《冕宁县志》卷九《风俗志》。
东岳会		三月二十八		同上。
城隍会		五月十一		同上。
三圣会		六月二十三	祀关帝、火神、马王。	同上。

会名	会地	正期/会期	庙会活动	资料来源
土地会		六月二十三	谚云："一方有个人，一方有个神。"故土地小庙为多。	同上。
盂兰会		七月十五		同上。
牛王会		十月初一		同上。
太阳会		十一月十九		同上。
玉皇会	盐井玉皇阁	正月初九	盐井玉皇阁大烛会。	光绪《盐源县志》卷十一《风俗志》。
大烛会	禹王宫	正月十三	禹王宫大烛会。每烛一跋重五六十斤。饰功曹鬼卒，鼓乐旌旗，盈街溢巷，魃倪杂沓，汉夷阗阗。	同上。
文昌会	城内及盐井	二月初二	谈演《大洞仙经》，盖越嶲有紫府飞霞，故俗尤恭敬，其声乐则沿滇俗焉。	同上。
城隍会	盐井	二月初八	初八盐井城隍会，异神出庙游街，扮演判卒，狰狞丑怪，俱头虎首，举国若狂，较烛会尤盛，男女献花进香者塞途也。盐中亦然。	同上。
观音会	公母山	二月十九 六月十九 九月十九	进香者数人，络绎不绝。殆燕社禖祈遗意。别有焚顶穿肘者，愚哉！	同上。
东岳会	盐井	三月二十六	以像巡，如城隍会。	同上。

续表

会名	会地	正期/会期	庙会活动	资料来源
火把会		六月二十四	为观莲节，以莲子馈赠，此古浴也。今夷俗此日祭其先，而汉民亦然火树，曰火把会。	同上。
盂兰会		七月十五		同上。
九皇会		九月初一至初九	禁止宰杀，持斋礼斗，阖县皆然。	同上。
盂兰会		七月十五	各寺庙作盂兰会。	同治《会理州志》卷十《风土志》。
九皇会		九月朔日至十日	竭诚作九皇会，不茹荤酒，民间换卖重阳糕。	同上。
城隍会	中所坝	二月初八	迎城隍。	光绪《越嶲厅全志》，卷十《风俗志》。
金马山会	金马山	三月初三	凡男女无子者，许童子愿，生子者，还童子愿。有送童子还愿，方经通说为人抢去者，有刚至庙门为人抢去者，有所抢童子被人夺者，自早至午喧阗半日谓之抢童子。得者喜笑而去，方还愿。而被抢去者，亦不深怪。	同上。
东岳会		三月二十七		同上。

会名	会地	正期/会期	庙会活动	资料来源
城隍会	大树堡	五月十六	迎城隍。凡此数日，男妇入庙烧香者，以千计，所办社火有高桩、有一切各戏，……沿街跪走者，不一而足。街房人家于是日请姊接妹邀诸女眷谓之看会；书馆学生于是日不入塾，亦谓之看会；各乡村老幼男女沿街填塞，习俗沿流年年如是。	同上。
城隍会		五月二十七		同上。
川主会		六月二十五		同上。
禹王会	禹王庙	正月十三	城市建有禹王庙者，是日必演戏酬神。	嘉庆《南充县志》卷一《舆地志》，风俗。
文昌会	文昌宫	二月初二	城市乡村凡建有文昌宫者，无不演戏迎神，以祈福庇。	同上。
浴佛会		四月初八		同上。
城隍会		五月十一	架大烛阗塞于庙。	同上。
关圣会		五月十三	相传武圣关夫子是日过江饮宴。	同上。
王爷会	王爷庙	六月初六	相传杨四将军斩蛟得道封为镇江王，凡村市建有王爷庙者，是日率演戏酬神，酾饮而散。	同上。
盂兰会		七月十五	以荐亡者。	同上。

会名	会地	正期/会期	庙会活动	资料来源
许真君会		八月初一	凡城市建有万寿宫者，是日必酬神演戏。	同上。
清醮会		二月	四民延道士于社庙诵经，散日扎草船送瘟、火诸灾。	同治《营山县志》卷十《舆地志》，风俗。
文昌会		二月	于庙中祭祀饮福，或家供神位祭祀。读书者皆办会一日。	同上。
浴佛会		四月初八	演戏诵经办佛会。	同上。
瘟祖会		五月初五	四民迎神办高台。	同上。
城隍会		五月十一	四民迎神办高台。	同上。
关圣会		五月十三	四民迎神办高台，惟关圣会不迎神出，故无高台。	同上。
京都城隍会		五月二十四	四民迎神办高台。	同上。
禾苗会		六月	六月耕耘已毕，农民出资比户数十家，于高阜处演傀儡戏，以祀田祖，以卦断一方休咎饮福而散，日禾苗会。过会则苗不生虫。	同上。
孔子会		八月二十七	先师孔子圣诞，多士陈祭饮福。	同上。
灶神会		十二月二十三	祀灶神。	同上。
东岳会		三月二十八	以优伶一部演剧数日，香火不绝。	同治《仪陇县志》卷二《舆地志》，风俗。

续表

会名	会地	正期/会期	庙会活动	资料来源
城隍会		四月初八	演剧如前。必择日舁神像出游，妆饰鬼怪，导以前往，仪仗整齐，锣鼓交作，所过之家焚香致敬焉。	同上。
瘟祖会		五月十五	较诸会为盛，神像出游亦如城隍会之仪，而演剧倍之。每日远近诣庙拜跪者，香烟如雾，彻夜不息，其期则五月十五日也。	同上。
秧苗会			民间春夏栽秧毕，醵钱倩梨园作剧，祈年丰以祀禾神，亦祈谷意。	光绪《岳池县志》卷七《学校志》，风俗。
药王会	临江馆	正月初三	观临江馆演剧。	光绪《广安州志》卷十一《方物志》，风俗。
上九会	紫金山	正月初九	登紫金山礼昊天上帝，山顶竖长竿，燃七星灯十，数里皆见。士女毂击肩摩，殿上烛泪盈尺，寺外石台演剧，数日方止。	同上。
土地会		二月初二	为社公社母诞辰，临街搭台演剧。	同上。
文昌会		二月初三	各官致祭，集会演剧，今停。	同上。
观音会	慈筠岩、白花山等	二月十九 六月十九 九月十九	各寺观设斋醮，妇女拜佛烧香如蚁。慈筠岩、白花山两处尤盛。	同上。
报恩会	玉皇观	三月		同上。

会名	会地	正期/会期	庙会活动	资料来源
玉皇会	黄州馆	三月十五 九月二十九	帝主诞辰。黄州馆赛会演剧。九月二十九日同。	同上。
萧公会	江西馆	四月初一	备极观瞻，今但设筵演剧。	同上。
浴佛日		四月初八	禁屠一日，人家市禽鱼等物释之日放生。	同上。
药王会	药王庙	四月二十八	药王庙中演剧。医家设筵，病愈者具财酬谢，医之良者，家累数十席，获利无算。	同上。
秧苗会		四月	妇女供蚕……男子插秧，三耦既毕，合村酿酒，择日演剧祈田祖，去蟊贼。	同上。
城隍会		五月十一	城隍诞辰，前后赛会，男女百十为群，首青巾腰黄犊鼻手小凳，插香于上，口诵经似歌似谣，数步一拜，旗伞香亭，钲鼓木鱼聒耳，曰烧架香、曰烧拜香。先一日优巫扮土地骑马，鬼卒鸣锣，曰清扫街道。次日，舁城隍及夫人像出行通城，仪仗卤簿二十八宿幢幡宝盖之属。绵亘络绎，饰功曹鬼判无常金童玉女八仙诸故事，房班约总，执香盘、香炉前导，人家设香烛茶果迎拜，焚纸钱爆竹，庙中上龙袍彩红白衣花鞋，连日香火牲醴不绝，烟霏雾结，烛泪纸灰山积，各街演剧一本。	同上。

会名	会地	正期/会期	庙会活动	资料来源
磨刀会		五月十三	相传武圣单刀赴吴会，曰磨刀会。设席演剧，今停。	同上。
龙会	龙神祠	五月二十	二十日为龙会宜雨，二十三日为分龙宜晴。谚云"但看五月二十三，大落大干，小落小干"。官行礼龙神祠观剧。	同上。
镇江王会	紫云宫等	六月初三	杨泗将军斩蛟得道，封镇江王。各乡市码头立庙处，皆赛神演剧。紫云宫为最。	同上。
雷祖会		六月二十三	抛洒五谷，惧天谴者祀之尤虔。	同上。
祝融会	南丹宫	六月二十四	各街演剧一本。	同上。
川主会		六月二十四	农家最为重要。	同上。
盂兰会		七月十五	各庙延僧道建盂兰盆会，超度先灵及孤魂，设焰口放河灯，钲鼓梵呗，人声水声嘈杂，莫辨水面，灯火如繁星，满天光摇数百里。	同上。
许真君会	万寿宫	八月初一	许真君诞辰，万寿宫演剧。	同上。
土地会		八月初二	与二月同。	同上。
九皇会	九皇宫等	九月初一	各庙斋醮，十日九皇宫为最盛，士民斋者亦多。	同上。

会名	会地	正期/会期	庙会活动	资料来源
浴佛会		十二月初八	佛寺诵经作浴佛会如四月。	同上。
药王会	临江馆	正月初三	观临江馆演剧。	宣统《广安州新志》卷三十四《风俗志》。
上九会	紫金山	正月初九	登紫金山，礼昊天上帝，山顶竖长竿，燃七星灯十，数里皆见。士女毂击肩摩，殿上烛泪盈尺，寺外石台演剧，数日方止。乡镇妇女皆至庙观拜佛。	同上。
禹王会	湖广会馆	正月十三	城中湖广馆观剧，乡镇各办会。	同上。
土地会		二月初二	为社公社母诞辰，城市临街搭台演剧，乡村桥梁山宅有庙处所，皆酿金祀神聚饮。	同上。
文昌会		二月初三	各官致祭颁胙，绅士集会，演剧，今停。	同上。
观音会	慈筠岩、白花山等	二月十九 六月十九 九月十九	各寺观设斋醮，妇女拜佛烧香如蚁。慈筠岩、白花山两处尤盛。	同上。
报恩会	玉皇观	三月初三		同上。
玉皇会	黄州馆	三月十五 九月二十九	帝主诞辰。黄州馆赛会演剧。九月二十九日同。	
萧公会	江西馆	四月初一	备极观瞻，今但设筵演剧。	同上。

会名	会地	正期/会期	庙会活动	资料来源
浴佛会		四月初八		同上。
药王会			庙中演剧。医家设筵，病愈者具财酬谢，医之良者，家累数十席，获利无算。	同上。
秧苗会		四月	妇女供蚕，缫盆浴茧，新丝始成。男子插秧，三耰既毕，合村酿酒，择日演剧祈田祖，去螽贼。	同上。
城隍会		五月十一	城隍诞辰，前后赛会，男女百十为群，首青巾腰黄犊鼻手小凳，插香于上，口诵经，似歌似谣，数步一拜，旗伞香亭，钲鼓木鱼聒耳，曰烧架香、曰烧拜香。先一日优巫扮土地，骑马鬼卒鸣锣，曰清扫街道。次日舁城隍及夫人像出行，通城仪仗卤簿，二十八宿、幢幡宝盖之属，绵亘络绎，扮功曹、鬼判、无常、金童、玉女、八仙诸故事，房班约总执香盘、香炉前导，人家设香烛，茶果迎拜，焚纸钱、爆竹。庙中上龙袍彩红，白衣花鞋，连日香火、牲醴不绝，烟霏雾结，烛泪纸灰山积，各街演剧一本。	同上。

会名	会地	正期/会期	庙会活动	资料来源
磨刀会		五月十三	相传武圣单刀赴吴会，日磨刀会。设席演剧，今停。	同上。
龙会		五月二十	二十日为龙会，宜雨。二十三日为分龙，宜晴。谚云"但看五月二十三，大落大干，小落小干"。官行礼龙神祠观剧。	同上。
镇江王会	紫云宫等	六月初三	杨泗将军斩蛟得道，封镇江王。各乡市码头立庙处，皆赛神演剧。紫云宫为最。	同上。
雷祖会		六月二十三	抛洒五谷，惧天谴者祀之尤虔。	同上。
祝融会	南丹宫	六月二十四	各街演剧一本。	同上。
川主会		六月二十四	农家最为重要。	同上。
盂兰会		七月十五	各庙延僧道建盂兰盆会，超度先灵及孤魂，设焰口，放河灯，钲鼓梵呗，人声水声，嘈杂莫辨，水面灯火如繁星满天，光摇数里。	同上。
许真君会	万寿宫	八月初一	许真君诞辰，万寿宫演剧。	同上。
土地会		八月初二	与二月同。	同上。
九皇会	九皇宫等	九月初一	各庙斋醮十日，九皇宫为最盛，士民斋者亦多。	同上。

续表

会名	会地	正期/会期	庙会活动	资料来源
浴佛会		十二月初八	佛寺诵经作浴佛会如四月。	同上。
文昌会		二月初三	祀文昌帝君，各私塾亦宴饮。	同治《新宁县志》卷三《风俗志》。
浴佛会		四月初八		同上。
牛王会		四月初八	村农皆报赛焉。	同上。
城隍会		五月十一	为城隍会，祀城隍神。	同上。
磨刀会		五月十三	祀关圣帝君。	同上。
镇江王会		六月初六	作镇江王会。	同上。
马王会		六月二十三	为马王会，椎牛享之。	同上。
火神雷祖会		六月二十四		同上。
魁星会		七月初七		同上。
盂兰会		七月十五	各寺庙作盂兰盆会。	同上。
文昌会		二月初三	祀文昌帝君，舞彩设筵，士民齐集咸乐。各村市亦如之。	道光《大竹县志》卷十九《风俗志》。
秧苗会		三、四月	农家相约祀土谷神，乐用傀儡，时禾方苗，谓之"秧苗戏"，农民尽欢。	同上。
关帝会		五月十三	祀关圣帝君，舞彩设筵，士民齐集。	同上。
城隍会		五月二十八	祀城隍，舞彩设筵，浮屠作法事，士民齐集。	同上。

会名	会地	正期/会期	庙会活动	资料来源
盂兰会		七月十五	城内外街市，各村里居人延浮屠为盂兰会，施食赈孤。	同上。
上九会		正月初九	北山观游人如云。	光绪《太平县志》卷二《舆地志》，风俗。
文昌会		二月初三	学人赛会。	同上。
盂兰会		七月十五	浮图氏则于庵寺作盂兰会，以荐无祀之鬼。夜或设坛。各街市灯火辉煌，钟梵声朗朗四达，以面饼为鬼食，遍抛地上，儿童争拾之。道家又以此日为地官赦罪之辰。	嘉庆《三台县志》卷四《风俗志》。
上九会		正月初九	是日，民间敬玉皇上帝，城市妇女多以香烛往各庙礼拜者。游人竞携榼酒登金华山聚饮。	光绪《射洪县志》卷四《舆地志》，风俗。
浴佛会		四月初八	以弥勒下生之故，诸寺各设香汤浴佛，作龙华会。民间于是日多买鱼放生，又以红笺书敕令"嫁毛虫"。	同上。
盂兰会		七月十五	僧尼道俗悉营盆供诸寺院。	同上。

会名	会地	正期/会期	庙会活动	资料来源
文昌会	赐紫山	二月初三	都人士女，集赐紫山，作会赛神，并祈子嗣。有打儿崖悦果戏，掷中者为得子。男女杂沓，越宵方散，近似桑中之俗，不能禁也。	乾隆《盐亭县志》卷一《土地部》，时序。
单刀会		五月十三	集关帝庙祭赛散福。	同上。
盂兰会		七月十五	浮屠氏设盂兰盆会，祀先荐亡。道家以此日为地官赦罪之辰。	同上。
盂兰会		七月十五	浮屠氏设盂兰大会，以荐亡者，道家以此日为地官赦罪之辰。	嘉庆《中江县志》卷二《风俗志》。
城隍会		六月二十四	先一日演剧，各乡民醵金结社，入城与会。	道光《蓬溪县志》卷十五《风俗》。
盂兰会	白塔寺	七月十五	白塔寺设盂兰会，醵金建醮作佛事，夜散盆。	同上。
禹王会		正月十三	十三日称禹王生日，湖广来侨居之民，演剧而祀。	光绪《蓬溪县续志》卷一《物宜》。
土地会		二月初二	土地者，社也。街乡遍立小祠，是日祀而饮，或演傀儡，有至累日者。	同上。
观音会		二月十九六月十九九月十九	皆称大士生日。民祀以祈福，或祈子。	同上。

会名	会地	正期/会期	庙会活动	资料来源
青苗会		四月	稻苗逾尺，分插之，酿钱演傀儡乐稷神，曰青苗会。神曰"秧苗土地"。	同上。
磨刀会		五月十三	祀关圣大帝。	同上。
王爷会		六月初六	王爷者，亲蜀守李冰，载在祀典之通祐王，然不知其谁何也，曰王爷而已。近水业贾必祭之，或演剧。甚者至逾旬。	同上。
文昌会		二月初三	祀文昌，各村塾俱宴会。	嘉庆《纳溪县志》，卷六《风俗志》。
浴佛会		四月初八		同上。
川主会		六月二十四		同上。
奎星会		七月初七	士子作奎星会。	同上。
孔圣会		八月二十七	至圣先师生日会。	同上。
牛王会		十月初一	农家作牛王会。	同上。
文昌会		二月初三	各村塾俱宴会。	嘉庆《江安县志》卷一《礼俗》。
浴佛会		四月初八		同上。
王爷会		六月初六	祀杨四将军。	同上。
川主会		六月二十四		同上。
奎宿会		七月初七		同上。
孔圣会		八月二十七		同上。
牛王会		十月初一	农家作牛王会。	同上。

会名	会地	正期/会期	庙会活动	资料来源
浴佛会		四月初八	诸寺僧作龙华会。	同治《合江县志》卷十八《风俗志》。
盂兰会		七月十五	释氏设盂兰会，作佛事。城市沿街张灯结彩，上幂以布，纸扎故事，若自旋转。	同上。
浴佛会		四月初八	酿金作放生会者，买鱼、虾、鳅、鳝放之江中。	光绪《叙州府志》卷二十二《风俗》。
盂兰会		七月初七	僧寺设斋，施水灯。	同上。
牛王会		十月初一	祀牛神，蒸糯米捣糍粑饭牛，并粘牛角，以酬其力。	同上。
文昌会		二月初三	县镇村塾，各酿金宴会。	同治《南溪县志》卷三《风俗志》。
镇江王爷会		六月初六	祀杨四将军，俗称镇江王爷，舟人尤极虔祷。	同上。
川主会		六月二十四	祀蜀太守李冰及其子二郎。	同上。
奎宿会		七月初七		同上。
盂兰会		七月十五	浮屠氏设盂兰会。	同上。
孔圣会		八月二十七	至圣先师圣诞，瞻拜毕，文人会饮祭余。	同上。
牛王会		十月初一	祀牛神谓之牛王会。	同上。

会名	会地	正期/会期	庙会活动	资料来源
上元会		正月		光绪《庆符县志》卷十八《风俗志》。
文昌会		二月		同上。
清醮会		二月		同上。
东皇会		三月		同上。
太子会		四月		同上。
城隍会		五月		同上。
土地会		六月		同上。
盂兰会		七月		同上。
夫子会		八月		同上。
观音会		九月		同上。
牛王会		十月		同上。
观音会		二月十九	礼观音大士。	嘉庆《长宁县志》卷二《风俗》。
浴佛会		四月初八	浮屠浴佛。	同上。
观音会		六月十九	相传观音大士成道日民皆进香。	同上。
盂兰会		七月十五	僧寺设斋施水灯曰盂兰盆。	同上。
盂兰会		七月十五	浮屠氏设盂兰会，以荐亡者。	同治《隆昌县志》卷三十九《风俗》。

会名	会地	正期/会期	庙会活动	资料来源
东皇会	城外东皇殿	三月二十六	百姓醵钱于城外东皇殿演戏出神，多办杂剧。庙内诸神像用明轿舁随东皇后，前后音乐旗帜仪仗整齐，多办鬼判无常鸡爪神，八仙彩女及诸带枷锁状。	同治《高县志》卷十八《风俗志》。
城隍会		四月十六	亦如东皇出神，第少诸神像游遍四城，即安神座于较场观戏数日乃止，其时四乡老妇俱来拜金祈福，夜则花灯龙灯极其喧闹，县中本俭朴，惟此会少侈。	同上。
盂兰会		七月十三	各庙作佛济孤谓之盂兰会。	同上。
牛王会		十月初一	农人多舂糍粑献牛王，因以粑粘牛两角云报力耕之功。	同上。
秧苗会		三月	演唱傀儡神戏。	同治《筠连县志》卷三《舆地志》，风俗。
川主会		不定	天旱祈雨，则舁川主神像出游街市。	同上。
城隍会		六月二十八	前一日，以明轿舁神像，优人扮诸杂剧，前后音乐、旗帜，仪仗整齐，出游街市，谓之出神。	同上。

会名	会地	正期/会期	庙会活动	资料来源
盂兰会		七月十五	浮屠氏设盂兰会济孤。	同上。
文昌会		二月初三	设笙乐、杂剧，作文昌会。	光绪《珙县志》卷五《风俗志》。
川主会		六月二十四	祭川主神。	同上。
文昌会		二月初三		乾隆《屏山县志》卷一《舆地志》，风俗。
浴佛会		四月初八		同上。
老君会	老君山	六月十六	赴老君山，作老君会，俗称朝山。	同上。
川主会		六月二十四		同上。
文昌会		八月初二		同上。
先师会		八月二十七		同上。
文昌会		二月初三		嘉庆《马边厅志略》卷四《人物志一》，风俗。
浴佛会		四月初八		同上。
城隍会		五月二十八	乡民云集，神驾出游，遍历街衢，烧香酬愿者络绎不绝。	同上。
川主会		六月二十四	祭川主神。	同上。
文昌会		八月初二		同上。
先师会		八月二十七		同上。

续表

会名	会地	正期/会期	庙会活动	资料来源
城隍会		三月初一	城隍出驾演剧郊外，谓之春台。十八回驾。惠泽土主诸会接次举行，各极其盛。江干鬻农器三日。	光绪《雅安历史》卷四《风俗篇》。
袍会		五月二十七	神不出驾，异其袍服，前列巨烛奏乐导迎。	同上。
蔡山香会		六月	士女陟降日数千人。	同上。
龙华会		九月	士女杂沓，间岁一举。	同上。
皇烛会		九月二十二		同上。
清醮会		正月或二月		光绪《名山县志》卷九《风俗》。
城隍会		三月初二	迎祀城隍，尤极侈盛。制巨烛约千二、三百斤，以献干神，至迎神日从神像出游，旋舁入庙，燃之可至次年。男女远近入城聚观，街衢阗咽。	同上。
文昌会	文昌宫	二月初一	士子演戏。	咸丰《天全州志》卷二《风俗志》。
痘疹圣母会		三月初三	痘疹圣母演戏。	同上。
天上圣母会		三月二十三	天上圣母会演戏。	同上。

会名	会地	正期/会期	庙会活动	资料来源
童子会	城西毓麟祠		城西毓麟祠俗名当街庙，每于演戏庆求嗣验者，雕刻童子送庙号还童子。	同上。
浴佛会		四月初八	有浴佛会，妇人老者赴庙拜佛，僧以蜜水洗佛，名曰洗太子。	同上。
城隍会		五月二十八	州城五月二十八，始阳十八，各作城隍会，演戏神像出驾，……炉烟缭绕，鼓乐喧闹，不减元宵。杨甲秀《竹枝词》曰："城隍会恰昨宵终，今日离宫庆演。同多少神祠俱寂寞，荒凉殿宇草芃芃。"	同上。
盂兰会	万寿宫、老君宫、太元山	七月十五	万寿宫有盂兰会。自初一日至十五朝老君宫、太元山两处，行人络绎不绝。	同上。
春社会		二月初二	祭祀宴会或演傀儡杂剧，连朝匝月。	同治《增修酉阳直隶州总志》卷十九《风俗志》。
文昌会		二月初三	文昌帝君诞辰，州县官遵制祭祀外绅士亦有私祭祀或演戏宴会者。	同上。
秧苗会	秀山	三月	三月春耕暇，以傀儡谢神谓之秧苗会。处处皆然，余者时举时废。	同上。

会名	会地	正期/会期	庙会活动	资料来源
龙华会		四月初八	僧寺为龙华会，民间无之，然有嫁毛虫之说。	同上。
磨刀会		五月十三	武圣诞辰，民间是日于庙中赛会谓之磨刀会。会因桃园结义之说，故有异姓通盟者，皆以此日为吉期，而是日大雨江涨俗亦谓之涨水磨刀水。	同上。
禹王会		六月初六	相传禹王诞辰，有祭祀宴会，然惟楚商或原籍两湖者行之，土人无与也。	同上。
川主会		六月		同上。
盂兰会		七月十五	放河灯。是日县官祭厉迎城隍神出北门，杂扮彩亭仪仗，鬼卒囚徒闹哄喧阗与迎春等。	同上。
秋社会		八月初二		同上。
三抚会	酉阳	九月	皆敛钱购香帛，酒馔祀神。遇有优伶，则演剧。	同上。
春社会		二月初二	俗谓社公生，治酒杀鸡以赛。	光绪《黔江县志》卷五《风俗志》。
浴佛会		四月初八		同上。
川主会		六月二十四		同上。
魁星会		七月初七		同上。

会名	会地	正期/会期	庙会活动	资料来源
秋社会		八月初二		同上。
大成会		八月二十七		同上。
观音会		九月十九		同上。
春社会		二月初二	二月二日，俗以为社公生日，就小祠祭祀宴会，或演傀儡杂戏，连朝匝月。	同治《彭水县志》卷九《风俗志》。
龙华会		四月初八	四月八日，僧寺为龙华会，民间无之，然有嫁毛虫之说。	同上。
关帝会		五月十三	（五月）十三日俗为武圣诞辰，届日必于庙中赛会，以此日为吉期。	同上。
禹王会		六月初六	六月六日相传禹王诞辰，有祭祀宴会。然惟楚商或原籍，两湖行之，土人无与也。	同上。
魁星会		七月初七	七月七日，士人以为魁星诞辰，馆塾志中皆有祭祀。	同上。
秋社会		八月初二	八月二日，俗以为社公会，亦如仲春二日。	同上。
观音会		二月十九 六月十九 九月十九	十九日，观音大士生辰。求子祈福者或祀于寺或祀于家。城乡皆然。二月十九、六月十九二日亦如此。	同上。

会名	会地	正期/会期	庙会活动	资料来源
春社会		二月立春五戊	城厢内外士民延僧唪经，祀天祈谷，谓之清醮。非古制也，宜禁。乡人多演傀儡，其傩之一端欤。	道光《忠州直隶州志》卷一《地舆志》，风俗。
盂兰会		七月十五		同上。
土地会		八月十五	入夜奉祀维谨，虽僻壤，无不结棚庆祝。	同上。
文昌会	文昌宫	二月初三	都人士集文昌宫作会，赛神饮福。	光绪《丰都县志》卷一《舆地志》，风俗。
单刀会		五月十三	集关祠，祭赛散福。	同上。
龙灯会		正月十五	沿门作戏，珠状有朝服而迎者其大傩之遗意欤，兼有狮灯、走马灯，各样花灯火树星桥，不一而足。并择秀丽儿童扮演诸剧，金鼓喧天，连宵奔走。举国若狂，市井皆然，城中尤盛。	光绪《垫江县志》卷一《舆地志》，风俗。
浴佛会		四月初八	然寺僧道借以敛财	同上。
秧苗会		四月	插秧后，乡农集资演傀儡灯影等剧，驱除蝗蚄，豫祈丰稔。	同上。
单刀会		五月十三	酿金置酒，集关帝祠祭神饮福，此风街市较多。	同上。
盂兰会		七月十五		同上。

会名	会地	正期/会期	庙会活动	资料来源
观音会		二月十九 六月十九 九月十九	妇孺好礼大士入寺拈香谓之拜会。	同上。
春社会		二月立春五戊	立春五戊为春社，各坊厢祀后土，名社会。梨园不能给，常一日并演谓之重台。乡村多于树下具牲醪，祭勾芒神。	乾隆《巴县志》卷十《风土志》。
盂兰会		七月十五	浮屠氏设盂兰盆会，以荐亡者。道家以此日为地官赦罪之辰。	同上。
秋社会		八月立秋五戊	立秋五戊为秋社，俗称土地诞。奉祀维谨，虽僻壤无不作乐，陈梨园杂供视春社。	同上。
牛王会		十月初一	蒸糯米，捣糕饭牛，并粘牛角，令其临水照，见则牛喜酬其力，曰犒牛王。	同上。
文昌会		二月初三	各村塾俱宴会。	乾隆《江津县志》卷九《风俗志》。
川主会		六月初六		同上。
盂兰会		七月十五		光绪《长寿县志》卷二《舆地部》，山川，风俗。
牛王会		十月初一	蒸糯米，捣糍饼，以为报赛。	同上。

会名	会地	正期/会期	庙会活动	资料来源
上九会		正月初九	俗传此日为"玉皇诞节"。竖火树，俗谓灯竿，各三十三盏夜燃之，红照一县，以谢天神。	道光《綦江县志》卷九《风俗》。
文昌会		二月初三	文昌帝君圣诞，士民醵金以祀，为文昌会。	同上。
川主会		六月二十四	乡人就平地作坛，宰牲设醮。	同上。
盂兰会		七月十五		同上。
清醮会		二月初	乡人捐募资粟延僧道诵经忏作清醮会。扎瘟船逐家驱疫，以祈一年清吉，以周官方相氏傩礼之意。	咸丰《南川县志》卷五《风土志》。
盂兰会		七月十五	各寺作盂兰会，民家封楮钱写历代祖宗。	同上。
文昌会		二月初三	士人咸庆文昌神。	光绪《铜梁县志》卷一《地理志》，风俗。
浴佛会		四月初八		同上。
城隍会		四月二十八	城乡人献供大烛，演戏匝月。	同上。
磨刀会		五月十三	十三日，谓为关帝磨刀之辰，士民诣庙祝庆。	同上。
盂兰会		七月十五		同上。

会名	会地	正期/会期	庙会活动	资料来源
春社会		二月春社日	各乡村祀后土，名社会。	同治《璧山县志》卷一《舆地志》，风俗。
盂兰会		七月十五		同上。
秋社会		八月	称土地诞，奉祀维谨。	同上。
牛王会		十月初一	蒸糯米捣糍糕饭牛，并粘牛角，令其临水照，见则牛喜其酬力。演傀儡，以饷牛王，酬力也。	同上。
清醮会		三月春季	乡人敛资，延僧道诵经忏，扎瘟船逐家驱疫疠，名曰扫荡。	光绪《定远县志》卷二《风俗志》。
盂兰会		七月十五	各寺作盂兰会，民家封楮钱。	同上。
清醮会		三月	里民各敛资延黄冠俗道于街心设坛诵经，以纸糊船送之江中，谓之送瘟船。	乾隆《合州志》卷八《风俗志》。
浴佛会		四月初八	嫁毛虫	同上。
盂兰会		七月十五		同上。
文昌会		二月初三		同治《重修涪州志》卷一《舆地志》，风俗。
单刀会		五月十三	祀关帝。	同上。
盂兰会		七月十五		同上。

会名	会地	正期/会期	庙会活动	资料来源
春社会		春社日	各坊厢祀后土，名社会。	道光《江北厅志》卷二《舆地志》，风俗。
盂兰会		七月十五		同上。
牛王会		十月初一		同上。
东岳庙		三月二十六	三月二十六日赛东岳，祈祷者，远近不一。首事等募钱演戏十日，其乐部必觅于省城，约费三四百金岁以为常。	嘉庆《资阳县志》卷二《风俗志》。
城隍会		五月二十四	邑城隍生期，神尝著灵异，近远祈祷者数十日络绎不绝。首事等募钱演戏赛神四十二日，其乐部必觅于省城，约费千余金，岁以为常，而邑人欣助。	同上。
土地会		九月	邑城中赛土地，各街自出资演戏十余日，亦岁以为常。此外，乡间镇市或因干旱或庆丰年，其赛神大约于夏秋时。	同上。
文昌会		二月初三	祭梓潼帝君。乡村有演戏者，城内各官致祭，绅士颁胙。	乾隆《井研县志》卷六《风俗志》。
城隍会		二月十二	阖邑市镇酿金演戏，至十余日。民气和乐不倦，商贾亦习而相忘。	同上。

会名	会地	正期/会期	庙会活动	资料来源
单刀会		五月	市镇好事者或令梨园演水淹七军故事，傍江边搭戏棚，看周将军水中擒操将庞德，于禁为欢谑。	同上。
土地会		六月初六	赛社神祈谷也，曰秧苗土地，社中人咸在焉。扮影戏，燕饮醉饱，亦一日之泽也。	同上。
川主会		六月二十四	是期演戏，或三五日，而灌江前后，凡经月余，有功德于民者也。	同上。
盂兰会		七月十五	浮屠为盂兰会，各刹讽佛经七八日，或有人刹拜佛者。升平已久，生齿日繁，缁流假忏悔以射利，乡村惑于虚无而奔波于其中，彼固不知佛为何人，其教为何教也。	同上。
府城隍会		三月十八	以优伶一部演剧日。择期舁神像出游，妆饰鬼怪，或扮演小说中故事导以前行，伞扇旗锣，鼓吹交作，执事者咸肃恭从事。所过之家焚香致敬，名曰出神。	咸丰《阆中县志》卷三《风俗志》。
赛台会	太清观	三月二十八	赛台会者，城东之太清观，古香城寺旧址也。内之为殿者五，外之为戏台者三，三月二十七至二十九日各台同时演戏，互相夸耀，二十八日神像出游，亦如府城隍之仪。	同上。

会名	会地	正期/会期	庙会活动	资料来源
瘟祖会	太清观	五月十五	此会较诸会为盛。瘟祖之神，谓即梓潼帝君。先是会中人有不洁而赴道场者，于稠人中自言土神谴责，随即伏地受杖，自数其所杖之数，视其臀则已青肿，以故人咸敬畏。居人有忿争不决者，或云于瘟祖前赌咒，则无情者必惶恐谢罪。会分数十行，各行咸先期于殿外结板屋为公所，以便执事其醮，曰息瘟大醮。醮天之夕，铙钹箫鼓，响遏云衢。醮毕，演戏十日。每夜香烟如雾，火光不息，其所为灯山者，亦如上元时。十五日神像出游，一切仪仗较诸会更鲜明整齐，男女之进香者，骈肩叠踵，随处拜跪，不必其至神殿也。	同上。
县城隍会		八月初八	亦如之。	同上。
盂兰会		七月十五	浮屠氏设盂兰盆会，以荐亡者。	乾隆《广元县志》，载丁世良、赵放，《中国地方志民俗资料集成·西南卷》（上），北京图书馆出版社，1997，第105页。

本表说明：表中的"会期"都用农历。对文献中没有庙会名但有庙会之实的情况皆录入。表中"庙会活动"栏的内容皆摘抄自原文。

参考文献

一、历史文献

[1] 常明，杨芳灿.（嘉庆）四川通志［M］. 成都：巴蜀书社，1984.

[2] 林孔翼. 成都竹枝词（增订本）［M］. 成都：四川人民出版社，1986.

[3] 宗懔. 荆楚岁时记［M］. 宋金龙，校注. 太原：山西人民出版社，1987.

[4] 傅崇矩. 成都通览（上册）［M］. 成都：巴蜀书社，1987.

[5] 林孔翼，沙铭璞. 四川竹枝词［M］. 成都：四川人民出版社，1989.

[6] 丁世良，赵放. 中国地方志民俗资料汇编·西南卷（上）［M］. 北京：北京图书馆出版社，1991.

[7] 姚乐野，王晓波. 四川大学图书馆馆藏珍稀四川地方志丛刊［M］. 成都：巴蜀书社，2009.

[8] 马继刚. 四川大学图书馆馆藏珍稀四川地方志丛刊续编［M］. 成都：四川大学出版社，2015.

[9]（康熙）顺庆府志［M］. 嘉庆十三年补刻本.

[10]（乾隆）汉州志［M］. 乾隆十一年刻本.

[11]（乾隆）云阳县志［M］. 乾隆十一年刻本.

[12]（乾隆）雅州府志［M］. 光绪十三年补刻本.

[13]（乾隆）江津县志［M］. 嘉庆十七年刻本.

[14]（乾隆）巴县志［M］. 乾隆二十六年刻本.

[15]（乾隆）威远县志［M］. 乾隆四十年刻本.

[16]（乾隆）屏山县志［M］. 乾隆四十三年刻本.

[17]（乾隆）盐亭县志［M］. 乾隆五十一年刻本.

[18]（乾隆）合州志［M］. 乾隆五十三年刻本.

[19] 绳乡纪略［M］// 中共广汉县委办公室，广汉县档案馆.

历代汉州志. 1988.

[20]（嘉庆）眉州属志［M］. 嘉庆五年刻本.

[21]（嘉庆）清溪县志［M］. 嘉庆五年刻本.

[22]（嘉庆）华阳县志［M］. 嘉庆十一年刻本.

[23]（嘉庆）马边厅志略［M］. 嘉庆十二年刻本.

[24]（嘉庆）乐山县志［M］. 嘉庆十七年刻本.

[25]（嘉庆）安县志［M］. 嘉庆十七年刻本.

[26]（嘉庆）江安县志［M］. 嘉庆十七年刻本.

[27]（嘉庆）彭县志［M］. 嘉庆十八年刻本.

[28]（嘉庆）什邡县志［M］. 嘉庆十八年刻本.

[29]（嘉庆）纳溪县志［M］. 嘉庆十八年刻本.

[30]（嘉庆）峨眉县志［M］. 嘉庆十八年刻本.

[31]（嘉庆）夹江县志［M］. 嘉庆十八年刻本.

[32]（嘉庆）洪雅县志［M］. 嘉庆十八年抄本.

[33]（嘉庆）威远县志［M］. 嘉庆十八年刻本.

[34]（嘉庆）新繁县志［M］. 嘉庆十九年刻本.

[35]（嘉庆）犍为县志［M］. 嘉庆十九年刻本.

[36]（嘉庆）彭山县志［M］. 嘉庆十九年刻本.

［37］（嘉庆）达县志［M］. 嘉庆二十年刻本.

［38］（嘉庆）罗江县志［M］. 嘉庆二十年刻本.

［39］（嘉庆）三台县志［M］. 嘉庆二十年刻本.

［40］（嘉庆）崇宁县志［M］. 嘉庆二十一年刻本.

［41］（嘉庆）汉州志［M］. 嘉庆二十二年刻本.

［42］（嘉庆）邛州直隶州志［M］. 嘉庆二十三年刻本.

［43］（嘉庆）金堂县志［M］. 道光二十四年补刻本.

［44］（嘉庆）南充县志［M］. 咸丰七年增补本.

［45］（嘉庆）长宁县志［M］. 民国八年铅印本.

［46］（嘉庆）续编屏山志［M］. 民国二十年铅印本.

［47］（嘉庆）宜宾县志［M］. 民国二十一年铅印本.

［48］（道光）保宁府志［M］. 道光元年刻本.

［49］（道光）大竹县志［M］. 道光二年刻本.

［50］（道光）绥靖屯志［M］. 道光五年刻本.

［51］（道光）忠州直隶州志［M］. 道光六年刻本.

［52］（道光）富顺县志［M］. 道光七年刻本.

［53］（道光）茂州志［M］. 道光十一年刻本.

［54］（道光）巴州志［M］. 道光十三年刻本.

［55］（道光）续修石泉县志［M］. 道光十四年刻本.

［56］（道光）邻水县志［M］. 道光十五年刻本.

［57］（道光）綦江县志［M］. 道光十六年刻本.

［58］（道光）大足县志［M］. 道光十六年刻本.

［59］（道光）新津县志［M］. 道光十九年刻本.

［60］（道光）中江县新志［M］. 道光十九年刻本.

［61］（道光）续纂江油县志［M］. 道光二十年刻本.

[62]（道光）龙安府志［M］. 道光二十二年刻本.

[63]（道光）补辑石柱厅新志［M］. 道光二十三年刻本.

[64]（道光）重庆府志［M］. 道光二十三年刻本.

[65]（道光）新都县志［M］. 道光二十四年刻本.

[66]（道光）江北厅志［M］. 道光二十四年刻本.

[67]（道光）城口厅志［M］. 道光二十四年刻本.

[68]（道光）荣县志［M］. 道光二十五年刻本.

[69]（道光）蓬溪县志［M］. 道光二十五年刻本.

[70]（道光）通江县志［M］. 道光二十八年刻本.

[71]（道光）南部县志［M］. 道光二十九年刻本.

[72]（道光）绵竹县志［M］. 道光二十九年刻本.

[73]（道光）重修昭化县志［M］. 同治三年刻本.

[74]（道光）夔州府志［M］. 光绪十七年补刻本.

[75]（咸丰）阆中县志［M］. 咸丰元年刻本.

[76]（咸丰）重修简州志［M］. 咸丰三年刻本.

[77]（咸丰）开县志［M］. 咸丰三年刻本.

[78]（咸丰）冕宁县志［M］. 咸丰七年刻本.

[79]（咸丰）重修梓潼县志［M］. 咸丰八年刻本.

[80]（咸丰）天全州志［M］. 咸丰八年刻本.

[81]（咸丰）资阳县志［M］. 咸丰十一年刻本.

[82]（咸丰）隆昌县志［M］. 同治十三年刻本.

[83]（同治）增修酉阳直隶州总志［M］. 同治二年刻本.

[84]（同治）渠县志［M］. 同治三年刻本.

[85]（同治）嘉定府志［M］. 同治三年刻本.

[86]（同治）璧山县志［M］. 同治四年刻本.

［87］（同治）续增什邡县志［M］. 同治四年刻本.

［88］（同治）彭水县志［M］. 同治四年刻本.

［89］（同治）续修罗江县志［M］. 同治四年刻本.

［90］（同治）增修万县志［M］. 同治五年刻本.

［91］（同治）高县志［M］. 同治五年刻本.

［92］（同治）巴县志［M］. 同治六年刻本.

［93］（同治）续修金堂县志［M］. 同治六年刻本.

［94］（同治）直隶理番厅志［M］. 同治七年刻本.

［95］（同治）续修汉州志［M］//中共广汉县委办公室，广汉县
档案馆. 历代汉州志. 1988.

［96］（同治）新宁县志［M］. 同治八年刻本.

［97］（同治）会理州志［M］. 同治九年刻本.

［98］（同治）郫县志［M］. 同治九年刻本.

［99］（同治）合江县志［M］. 同治十年刻本.

［100］（同治）重修成都县志［M］. 同治十二年刻本.

［101］（同治）新繁县志［M］. 同治十二年刻本.

［102］（同治）筠连县志［M］. 同治十二年刻本.

［103］（同治）忠州直隶州志［M］. 同治十二年刻本.

［104］（同治）直隶绵州志［M］. 同治十二年刻本.

［105］（同治）彰明县志［M］. 同治十三年刻本.

［106］（同治）德阳县志［M］. 同治十三年刻本.

［107］（同治）南溪县志［M］. 同治十三年刻本.

［108］（同治）营山县志［M］. 光绪十五年刻本.

［109］（同治）剑州志［M］. 同治二十年刻本.

［110］（同治）仪陇县志［M］. 光绪三十三年补刻本.

［111］（同治）大邑县志［M］. 光绪三十四年刻本.

［112］（光绪）江津县志［M］. 光绪元年刻本.

［113］（光绪）彭水县志［M］. 光绪元年刻本.

［114］（光绪）定远县志［M］. 光绪元年刻本.

［115］（光绪）铜梁县志［M］. 光绪元年刻本.

［116］（光绪）长寿县志［M］. 光绪元年刻本.

［117］（光绪）岳池县志［M］. 光绪元年刻本.

［118］（光绪）南川县志［M］. 光绪二年刻本.

［119］（光绪）资州直隶州志［M］. 光绪二年刻本.

［120］（光绪）庆符县志［M］. 光绪二年刻本.

［121］（光绪）西充县志［M］. 光绪二年刻本.

［122］（光绪）青神县志［M］. 光绪三年刻本.

［123］（光绪）双流县志［M］. 光绪三年刻本.

［124］（光绪）续修大足县志［M］. 光绪三年刻本.

［125］（光绪）威远县志［M］. 光绪三年刻本.

［126］（光绪）合州志［M］. 光绪四年刻本.

［127］（光绪）蒲江县志［M］. 光绪四年刻本.

［128］（光绪）补纂仁寿县原志［M］. 光绪七年刻本.

［129］（光绪）盐亭县志续编［M］. 光绪八年刻本.

［130］（光绪）荣昌县志［M］. 光绪九年刻本.

［131］（光绪）续增乐至县志［M］. 光绪九年刻本.

［132］（光绪）珙县志［M］. 光绪九年刻本.

［133］（光绪）射洪县志［M］. 光绪十年刻本.

［134］（光绪）洪雅县志［M］. 光绪十年刻本.

［135］（光绪）大宁县志［M］. 光绪十二年刻本.

［136］（光绪）增修灌县志［M］.光绪十二年刻本.

［137］（光绪）广安州志［M］.光绪十三年刻本.

［138］（光绪）兴文县志［M］.光绪十三年刻本.

［139］（光绪）名山县志［M］.光绪十八年刻本.

［140］（光绪）丹棱县志［M］.光绪十八年刻本.

［141］（光绪）巫山县志［M］.光绪十九年刻本.

［142］（光绪）奉节县志［M］.光绪十九年刻本.

［143］（光绪）雷波厅志［M］.光绪十九年刻本.

［144］（光绪）丰都县志［M］.光绪十九年增续重刻本.

［145］（光绪）太平县志［M］.光绪十九年刻本.

［146］（光绪）盐源县志［M］.光绪二十年刻本.

［147］（光绪）梁山县志［M］.光绪二十年刻本.

［148］（光绪）永川县志［M］.光绪二十年刻本.

［149］（光绪）黔江县志［M］.光绪二十年刻本.

［150］（光绪）叙州府志［M］.光绪二十一年刻本.

［151］（光绪）蓬州志［M］.光绪二十三年刻本.

［152］（光绪）新修潼川府志［M］.光绪二十三年刻本.

［153］（光绪）简州续志［M］.光绪二十三年刻本.

［154］（光绪）续修安岳县志［M］.光绪二十三年增修本.

［155］（光绪）蓬溪县续志［M］.光绪二十五年刻本.

［156］（光绪）垫江县志［M］.光绪二十六年刻本.

［157］（光绪）东乡县志［M］.光绪二十八年刻本.

［158］（光绪）江油县志［M］.光绪二十九年刻本.

［159］（光绪）内江县志［M］.光绪三十一年刻本.

［160］（光绪）会理州续志［M］.光绪三十一年刻本.

［161］（光绪）越嶲厅全志［M］. 光绪三十二年铅印本.

［162］（光绪）重修彭县志［M］. 民国六年刻本.

［163］（光绪）雅安历史［M］. 民国十四年石印本.

［164］（光绪）屏山县续志［M］. 民国二十年铅印本.

［165］（宣统）昭觉县志稿［M］. 民国九年铅印本.

［166］（宣统）广安州新志［M］. 民国十六年铅印本.

［167］（宣统）峨眉县续志［M］. 民国二十四年铅印本.

二、现代文献

（一）著作

［1］施坚雅. 中国农村的市场和社会结构［M］. 史建云，徐秀丽，译. 北京：中国社会科学出版社，1998.

［2］高占祥. 论庙会文化［M］. 北京：文化艺术出版社，1992.

［3］顾颉刚. 妙峰山［M］. 上海：上海文艺出版社，1988.

［4］陈宝良. 中国的社与会［M］. 北京：中国人民大学出版社，2011.

［5］王兆祥，刘文智. 中国古代的庙会［M］. 北京：商务印书馆国际有限公司，1997.

［6］王兴亚. 明清河南集市庙会会馆［M］. 郑州：中州古籍出版社，1998.

［7］段玉明. 中国寺庙文化论［M］. 长春：吉林教育出版社，1999.

［8］高有鹏. 中国庙会文化［M］. 上海：上海文艺出版社，1999.

［9］高有鹏. 沉重的祭典：中原古庙会文化分析［M］. 开封：河南大学出版社，2000.

［10］赵世瑜. 狂欢与日常：明清以来的庙会与民间社会［M］. 北京：生活·读书·新知三联书店，2002.

［11］郑振满，陈春声. 民间信仰与社会空间［M］. 福州：福建人民出版社，2003.

［12］陈宝良，王熹. 中国风俗通史·明代卷［M］. 上海：上海文艺出版社，2005.

［13］林永匡，袁立泽. 中国风俗通史·清代卷［M］. 上海：上海文艺出版社，2005.

［14］胡锐. 道教宫观文化概论［M］. 成都：巴蜀书社，2008.

［15］萧放. 中国民俗史·明清卷［M］. 北京：人民出版社，2008.

［16］滨岛敦俊. 明清江南农村社会与民间信仰［M］. 朱海滨，译. 厦门：厦门大学出版社，2008.

［17］朱海滨. 祭祀政策与民间信仰变迁——近世浙江民间信仰研究［M］. 上海：复旦大学出版社，2008.

［18］岳永逸. 行好：乡土的逻辑与庙会［M］. 杭州：浙江大学出版社，2014.

（二）论文

［1］段宝林. 庙会的民俗本质——论生活美与庙会［J］. 民间文学论坛，1994（03）：2－8.

［2］王兴亚，马怀云. 明清河南庙会研究（一）［J］. 天中学刊，1995（01）：21－29.

［3］吉发涵. 庙会的由来及其发展演变［J］. 民俗研究，1994（01）：48－54＋94.

［4］高有鹏，孟芳. 简论庙会文化的基本功能与基本特征［J］. 河南师范大学学报（哲学社会科学版），1995（06）：109－112.

［5］朱越利. 何谓庙会——《辞海》"庙会"条释文辨证［C］//
刘锡诚. 妙峰山：世纪之交的中国民俗流变. 北京：中国城
市出版社，1996.

［6］宋军. 集市、庙会与红阳教的传播——以嘉庆年间直隶顺天
府通州为中心［J］. 中国历史博物馆馆刊，1997（02）：78
—88.

［7］朱小田. 传统庙会与乡土江南之闲暇生活［J］. 东南文化，
1997（02）：100—105.

［8］小田. "庙会"界说［J］. 史学月刊，2000（03）：103—109.

［9］小田. 近代江南庙会与农家经济生活［J］. 中国农史，2002
（02）：80—87.

［10］龚关. 明清至民国时期华北集市的集期分析［J］. 中国社会
经济史研究，2002（03）：40—46.

［11］刘晓春. 非狂欢的庙会［J］. 民俗研究，2003（01）：17
—23.

［12］张萍. 明清陕西商业地理研究［D］. 西安：陕西师范大
学，2004.

［13］张萍. 明清陕西庙会市场研究［J］. 中国史研究，2004
（03）：121—136.

［14］谢庐明. 清代赣南客家庙会市场的地域特征分析［J］. 赣南
师范学院学报，2005（04）：28—32.

［15］刘霞. 明清时期山东庙会研究［D］. 济南：山东师范大
学，2006.

［16］宁欣. 乡村的庙与庙市［J］. 文史知识，2007（01）：116

—119.

［17］丁德超. 近代时期豫西北农村庙会市场研究［J］. 古今农业，2008（02）：111—118.

［18］张晓虹，牟振宇，陈琍，丁雁南. 南宋临安节日活动的时空结构研究［J］. 中国历史地理论丛，2008（04）：5—22.

［19］徐跃. 清末四川庙产兴学及由此产生的僧俗纠纷［J］. 近代史研究，2008（05）：73—88.

［20］韩同春. 庙会类型研究概述［J］. 民族艺术研究，2010（01）：80—84.

［21］汪志斌. 黄龙庙会：藏彝走廊多元文化空间的一个范例［J］. 中华文化论坛，2010（04）：39—42.

［22］林移刚. 清代四川民间信仰地理研究［D］. 重庆：西南大学，2013.

［23］贾雯鹤. 壁山神信仰探微［J］. 宗教学研究，2013（02）：257—265.

［24］王振忠. 华云进香：民间信仰、朝山习俗与明清以来徽州的日常生活［J］. 地方文化研究，2013（02）：38—60.

后　记

　　我在阅读旧方志时发现，庙会对地方社会经济、文化的形塑作用十分明显。庙会不仅具有时间性，更具有空间性，是一个社会的连接点。地方社会也会围绕庙会活动形成一个独特的经济文化网络，具有相当的复杂性和联动性。读博期间，我一度把四川庙会作为博士论文的选题，后因我研究转向，遂又放弃。毕业以后仍觉庙会是一个值得研究的课题，因此，我和李雯君老师在之前论文的基础上加以补充和修改，形成了本书的内容。

　　本书在全面搜罗方志资料的基础上，从类型层面对清代四川庙会进行总结归纳，并尽力展现出清代四川庙会地理分布的宏观图景。当然，这只是庙会研究的第一步，下一步我将以"人地互动"的观念，从庙会的地理空间与社会空间两个方面去继续深耕。庙会作为人们生活文化中的一个有机组成部分，必然会形成一定的社会空间。这个空间具有很强的时间性，"届时则集，过时则散者也"。社会空间的中心地就是庙会举办地，空间的边缘是参与者的居住地，这是一个多变且模糊的信仰边界。庙会的主办者就是其社会空间的制造者。这个空间为人们提供了一个日常并不具备的平台，让人们虔诚地祈愿、尽情地欢愉、热情地买卖，庙会具有的社会调试和整合作用也就凸显出来了。

应该看到，传统庙会除积极方面外，还有另外一面。例如庙会期间普遍存在赌博、斗殴、酗酒，甚至匪乱等社会问题，虽然也是一部分人的娱乐项目，但是破坏了正常的社会秩序。清代巴县衙门档案显示，巴县官府多次就这些问题发布禁令，例如乾隆四十三年（1778）二月曾发布过《巴县示谕真武山进香会期严禁国匪行凶打架、赌博、酗酒滋事》，大概内容是讲，真武山三月初香客已经云集，若国匪潜入，或酗酒滋事者，"立拿县，以凭重究"。类似的禁令还有嘉庆二十五年（1820）七月所发《巴县据五福官禀请示出禁令在中元会期聚众赌博》。对于庙会期间摊派演戏费用的情况，方志中往往记载的是人们"岁以为常，而邑人欣助"。而实际上对于经济条件不太好的家庭来说，就是一笔不小的负担，拒绝摊派的情况也时常出现。同治九年（1870）九月巴县就发生了一起莲花坊唐罗氏因土地会各家派钱演戏，控告高顺不交钱反殴伤子一案。这些案件说明庙会其实是一个比较复杂、多面的社会空间，有必要进一步探究。此外，受篇幅所限，绘制的分布图未能附于书内，待将来再行完善。

研究庙会的社会空间就是要研究社会空间怎么被制造出来的，参与的人是谁，参与人的态度及精神状态是怎样的，在这个空间里发生了什么事，这样的事对这个空间内的人有什么影响，形成这些影响的环境机理是什么。当然，还要讨论庙会的社会空间在时段上的变化与地理空间上的嬗变等问题。通过对庙会地理分布与社会空间的研究，也就是从宏观和微观两个角度去探讨庙会的各种问题，并重视环境对庙会的影响，必将会使我们更为全面地了解庙会的历史。

牟旭平

2023 年春于寓所

（本书由重庆电子工程职业学院科研基金资助出版）